Hennes Ruißing

Ölmalerei für Einsteiger

Schritt für Schritt zum Erfolg

Inhalt

Material und Werkzeug 6

Einfach zu malen anfangen 14

Farblehre 24

Räumlichkeit, Bildtiefe und Perspektive 36

Klassische Bildthemen: Landschaft, Stillleben, Bildnis 49

Schlußbetrachtung: Zur Komposition des Titelbilds 68

Das fertige Bild firnissen, rahmen und hängen 70

Einführung

Die Ölmalerei ist so etwas wie die »Königsdisziplin« der Malerei. Das meiste, was je gemalt wurde, ist wahrscheinlich »in Öl« gemalt worden. Der Reiz eines Ölgemäldes, der Wunsch, ein solches zu besitzen oder gar selbst zu schaffen, ist immer aktuell.

Diesen Wunsch greift dieses Buch auf. Es wendet sich an den Anfänger, den klassischen Einsteiger, bringt aber auch dem Maler Nutzen, der sich die Technik der Ölmalerei neu aneignen oder seine Kenntnisse darin vertiefen will.

In diesem Buch wird man die grundlegenden handwerklichen Fertigkeiten im Umgang mit Ölfarben kennen lernen: von der Auswahl des richtigen Materials, über die Vorbehandlung des Malgrundes, die richtige Verwendung von Malmitteln, das treffsichere Mischen der Farben bis hin zur gelungenen Bildkomposition und zur eigentlichen Arbeit des Malens.

Zu viel Theorie am Anfang schreckt vom Malen eher ab. Und die Scheu vor dem neuen Metier wird dadurch größer. Aus diesem Grund begnügen sich die Ausführungen auf Grundsätzliches, und an praktischen Beispielen wird das notwendige Wissen erarbeitet. Es kann also gleich mit dem Malen begonnen werden!

Der Leser kann sein Wissen an praktischen Malübungen erwerben und den Lernfortschritt im Laufe des Buches an den Fortschritten im Malen eigener Bilder überprüfen. Deshalb werden zu jedem Hauptkapitel auch ein bis zwei komplette Ölbilder Schritt für Schritt gemalt. Es entstehen Blumenbilder, Stillleben, Landschaften und Bildnisse, die auch künstlerischem Anspruch gerecht werden. Die Motive sind vorgegeben, Vorlagen in Form von Linienzeichnungen können direkt auf einen beliebigen Malgrund übertragen und nachgearbeitet werden.

Einem kleinen Apfelstillleben« begegnet man im Buch immer wieder. Die jeweilige Maltechnik, grundlegende Farbwirkungen und Kontraste werden an ihm demonstriert. Vergleicht man die Stillleben untereinander, so lernt man alle wichtigen Bildwirkungen abzuschätzen und gezielt für eigene Bilder zu nutzen.

Anfangs wird Grundsätzliches zum Gebrauch des nötigen Arbeitsmaterials, über Malgründe, Farben, Pinsel und Maltechniken gesagt. Gleich danach geht's an die praktische Arbeit. Sobald Sie die Farben ausprobiert haben, lernen Sie alle Arten des Farbauftrags kennen. Über eine sinnvolle Übung zum Farbmischen lernen Sie dann die Grundlagen der Farblehre kennen. So werden Sie Schritt für Schritt in aufeinander aufbauenden Lektionen in die künstlerische Arbeit der Malerei eingeführt.

In dieser neu bearbeiteten Ausgabe finden Sie außerdem ein ergänzendes Kapitel über wasservermalbare Ölfarben, die in mancher Hinsicht den handwerklichen Umgang mit dem Material Ölfarben vereinfachen und besonders dem Anfänger den Einstieg erleichtern.

Wer dieses Buch systematisch durcharbeitet, lernt eine Menge über das Material, die Technik und auch über Malerei ganz allgemein. Dies kann ein Fundament sein für eigene kreative Arbeit und eigene Bildideen. Allen Lesern wünsche ich: Lassen Sie sich vor allem nicht entmutigen, wenn's nicht gleich zu Anfang so klappt wie gedacht. Denken Sie an das Motto Vincent van Goghs: »Maler wird man nur durch Malen!«

»Stillleben«, Öl auf Leinwand, Format 70 x 50 cm

Material und Werkzeug

Das Angebot an Materialien für die Ölmalerei scheint unüberschaubar und ist für den Anfänger auch verwirrend. Die meisten Dinge sind schön und attraktiv, vieles ist praktisch und bewährt, aber nicht alles sinnvoll oder gar notwendig.

Meine Erfahrung sagt, beschränken Sie sich beim Einkauf auf das Sinnvollste und Notwendigste und achten Sie dabei immer auf Qualität. Am Anfang wird man sich zweckmäßigerweise in einem gut sortierten Fachgeschäft beraten lassen und einkaufen. Aus Preisgründen kann es aber auch später sinnvoll sein, in Großmärkten, Baumärkten oder auch in der Apotheke (z. B. Terpentinöl) einzukaufen.

Lassen Sie mich eine aus der Praxis bewährte Minimalausstattung für den Anfänger empfehlen. Das ist einmal billiger als die teure Gesamtausstattung und ein großer Komplettkasten. Sie kommen aber auch am schnellsten mit der Malerei voran und werden mit den Farben vertraut, je weniger Sie sich mit Unnötigem beschäftigen.

Besonders Anfängern, vor allem aber Allergikern, empfehle ich wasservermalbare Ölfarben. Die meisten Hersteller bieten diese in ihren Sortimenten an. Unangenehme gesundheitliche Nebenwirkungen entfallen, und zugleich erleichtern diese Farben die Arbeit, da die ansonsten notwendigen diversen Malöle nicht benötigt werden.

Einkaufsliste für den Anfang

Pinsel
3 Pinsel in eckiger, flacher Form und 3 Pinsel in rundgebogener, spitziger Form. Jeweils in den Größen 4, 8 und 16. Alles Rindshaar- oder Fehhaar-Pinsel mit langen, unlackierten Stielen. Dazu ein flacher Grundierpinsel, breit.

Malmittel
1 Liter Terpentinersatz, 1 Liter Terpentinöl, 1 Liter Leinöl, gebleicht, 1 Liter Caparol (Binder) und 5 Liter Dispersions-Wandfarbe, weiß, für innen (zum Grundieren).

Malmaterialien – Übersicht

Farben
Anfangs nur Gelb, Blau, Rot, Titanweiß, eventuell Elfenbeinschwarz. Später dazu in kleinen Tuben Neapelgelb dunkel, Permanentrot hell, Englischrot hell, Ultramarinblau hell, Indigo, Permanentgrün hell, Böhmische Grünerde, Lichter Ocker, Gebrannte Siena, Umbra gebrannt.

Malgründe
Malpappen oder Leinwand auf Keilrahmen aufgezogen.

Sonstiges
Palette aus Holz, später Palettmesser oder Spachtel und kleine Tischstaffelei.

*Malgründe:
Verschiedene Leinwandarten*

Vorbereitung der Malgründe

Mit Ölfarben kann man auf Karton, Spanplatte, Holz, Leinwand, aber auch auf Papier malen. Alle diese Malgründe müssen vor dem Malen grundiert werden. Es gibt im Fachhandel aber auch bereits fertig grundierte Malgründe.

Eine sehr einfache Grundierung können Sie selber herstellen aus Caparol (Binder) und weißer Dispersionsfarbe. Caparol mit der fünffachen Menge Wasser verdünnt (1:5) ergibt den Voranstrich auf den Malgrund. Dabei ganz leicht über das Material streichen. Nach der Trocknung wird der Malgrund zwei- bis dreimal mit Dispersionsfarbe gestrichen, wobei Sie mit dem breiten Grundierpinsel die Grundierung netzartig auftragen, also erst Streifen für Streifen von links nach rechts und dann von oben nach unten. Die Dispersionsfarbe ist 1:3 mit Wasser zu verdünnen.

Verwendung von Malmitteln

In Ölfarben sind die Farbstoffe, die Pigmente, bereits mit Ölen gebunden. Bindemittel – das Öl – und Malmittel sind weitgehend identisch.

Zum Malen selbst benötigen Sie Malmittel, mit denen die Farben verdünnt werden. Am Anfang, für die Untermalung, werden eher magere Öle verwendet (Terpentinersatz, Terpentinöl). Die folgenden Schichten werden immer fetter angesetzt. Das bedeutet, die Ölfarbe wird mit fetteren Ölen vermischt. Fettere Öle sind das so genannte Halböl oder Leinöl.

Folgendes Grundgesetz gilt für die Ölmalerei immer, und es ist unbedingt zu beachten: **Immer fett auf mager malen!** Das bedeutet, dass die Farbe Schicht zu Schicht mit immer fetteren Ölen angesetzt werden muss.

Zunächst Caparol, nach Durchtrocknen weiße Dispersionsfarbe dünn und netzartig über die Leinwand streichen.

Wenn Sie mit mageren Ölen vermischte Ölfarbe auf fettere Schichten setzen, werden die unteren Malschichten angelöst. Ihre Malerei verschmiert.

Ein ideales Malmittel für mehrere Arbeitsschritte ist das so genannte

Halböl, das zu gleichen Teilen aus Terpentinöl und reinem Leinöl gemischt wird. Es eignet sich besonders für die so genannte Primamalerei, bei der das Bild in einem Zug begonnen und fertig gemalt wird.

Die Malmittel sind in eigens für sie vorgesehenen Flaschen aufzubewahren, die immer gut verschlossen sein müssen. Die Gläser sollten beschriftet werden. Man muss unbedingt auf die von der Apotheke oder dem Farbengeschäft aufgebrachten Gefahrenhinweise achten.

Restöle sowie alte Tuben sind in einem eigenen Behälter zu sammeln und als Sondermüll zu entsorgen. Man kann sie auch bei Apotheken oder Farbengeschäften zurückgeben. Auf keinen Fall dürfen diese Reste in den Hausmüll oder das Abwasser gelangen.

Von renommierten Farbenherstellern werden auch fertig angesetzte Malmittel angeboten. Diese relativ kleinen Fläschchen sind natürlich im Dauergebrauch recht teuer. Aus diesem Grunde empfehle ich, sich mit den alten, bewährten Malmitteln vertraut zu machen.

Alle Künstlerfarben-Hersteller haben diese oder ähnliche Malmittel und Hilfsmittel im Programm. Die Bezeichnungen sind weitgehend einheitlich.

Wasservermalbare Ölfarben werden einfach nur mit Wasser verdünnt – sofern dies nötig ist. Auch hier gilt: **Fett auf mager**, was heißt, dass von Farbschicht zu Farbschicht immer weniger mit Wasser verdünnt werden sollte; zum Schluss wird nur noch mit unverdünnter, pastoser Farbe gearbeitet.

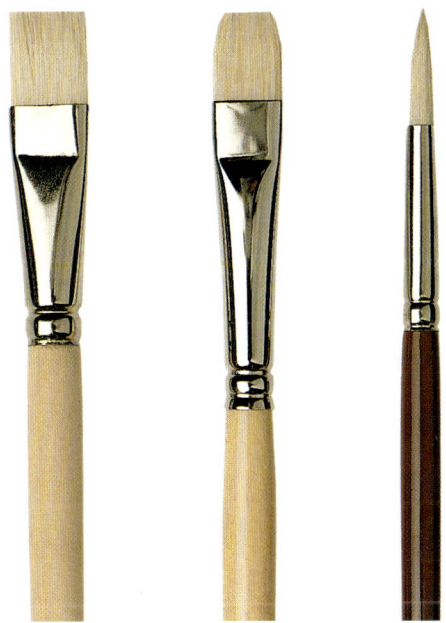

Gussow-Pinsel, Katzenzungenform, Rundform, spitzig. Borstenpinsel sind für grobes, großflächiges Malen geeigneter, Rindshaarpinsel für feineres, flächigeres Arbeiten und Lasuren. Letztere Pinsel hinterlassen keine Reliefstrukturen.

Verwendung der Pinsel

Zum Malen benötigen Sie zwei Grundformen von Pinseln: die eckige, flache »Gussow«-Form und die rundgebundene Spitzform. Verwenden Sie möglichst nur Pinsel mit langen, unlackierten Stielen. Da Malmittel auch Lösungsmittel enthalten, könnten sonst Farbe und Lack der Pinselstiele angelöst werden

Mit dem Gussow-Pinsel trägt man die Farben breit und flächig auf. Mit dem runden, spitzigen Pinsel lassen sich Vorzeichnungen und Detailarbeiten erledigen. Von beiden Arten werden jeweils drei Stück in den Stärken 4, 8 und 16 benötigt. Sie sollten nur Pinsel aus Rindshaar oder Fehhaar verwenden. Diese Haare sind fast so stabil und haltbar wie Borsten, lassen aber einen leichteren Farbaufstrich zu und hinterlassen nicht die so oft unerwünschten reliefartigen Spuren auf dem Malgrund.

Fertig-Malmittel	Verwendung
Malmittel 1	**Mageres** Verdünnungsmittel für Untermalungen, trocknungsbeschleunigend
Malmittel 2	**Fettes** Verdünnungsmittel für Nass-in-Nass-Malerei, trocknungsverzögernd
Malmittel 3	Verdünnungsmittel, holt eingeschlagene matte Bildstellen heraus, macht Farbschichten widerstandsfähiger, erhöht die Leuchtkraft, trocknungsbeschleunigend
Malmittel 7	Tropfenweise zu jeder Ölfarbe, macht dadurch Ölfarben jeden Fabrikats wasservermalbar (s. Seite 13)
Malbutter	Verdickungsmittel für pastose Malweise und Spachteltechnik
Transparentpaste	Gel zur Erhöhung der Transparenz, Glanzwirkung für lasierende Malweise
Endfirnisse Gemäldefirnis, Schlußfirnis, Dammarfirnis, Mastixfirnis, Neutralfirnis, Mattfirnis, Wachsfirnis	Schutzschicht über der durchgetrockneten Malerei, soll durch Lösungsmittel nachträglich wieder entfernt werden können

Reinigen der Pinsel

Wenn Sie mit der Malerei fertig sind, streifen Sie die Pinsel auf einem noch unbearbeiteten Karton aus. Danach schwenken Sie sie gründlich in Terpentinersatz aus und wischen sie mit einem alten Lappen ab. Für den Terpentinersatz verwenden Sie am besten ein altes Deckelglas, das fest verschlossen werden kann.

Abschließend werden die Pinsel unter fließendem, lauwarmem Wasser mit Kernseife oder Gallseife gereinigt. Die Pinselhaare werden so rückgefettet und ihre Lebensdauer wird dadurch verlängert.

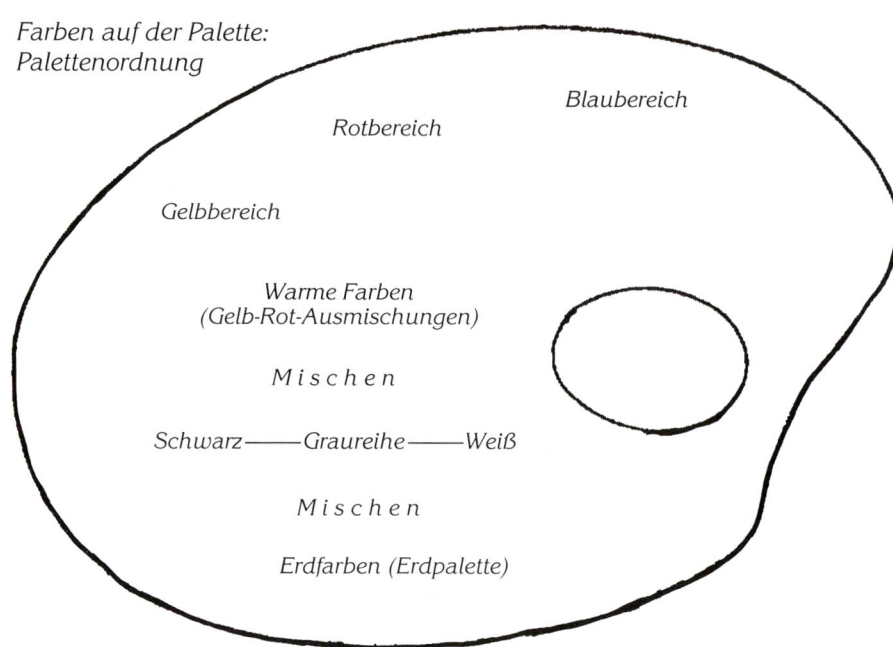

Farben auf der Palette:
Palettenordnung

Blaubereich

Rotbereich

Gelbbereich

Warme Farben
(Gelb-Rot-Ausmischungen)

M i s c h e n

Schwarz ——— Graureihe ——— Weiß

M i s c h e n

Erdfarben (Erdpalette)

Farben auf der Palette

Die Palette ist das Mischbrett für die Farben. Am billigsten ist die eigene Herstellung: Man kann eine Glasplatte verwenden, die an den Rändern mit Klebeband eingefasst und gesichert ist, einen alten Teller oder eine alte Wandkachel. Man kann sich aber auch aus Sperrholz mit der Laubsäge eine Palette zurechtsägen.

Nicht ganz billig, aber am schönsten sind die fertigen, eleganten Paletten aus dem Fachhandel, die in der Regel aus Hartholz gemacht sind.

Die Farben aus den Tuben werden sinnvollerweise in oben gezeigter Ordnung auf der Palette verteilt.

Staffeleien und Zubehör

Es gibt alle möglichen Varianten von Staffeleien. Der Anfänger sollte mit dem Kauf noch etwas warten. Es hängt ja auch davon ab, wie intensiv man die Malerei betreiben will. Später empfiehlt sich der Kauf einer raumsparenden Tischstaffelei oder einer Staffelei, die sowohl für drinnen als auch draußen zu verwenden ist, z. B. ein Platz sparender Malkoffer.

Zum Malen werden auch immer viele alte Lappen gebraucht. Es ist immer etwas abzuwischen oder zu reinigen. Sodann sollte man sich eine große Schachtel für alle Utensilien zurechtlegen. Am besten verstaut man alles in der Schublade eines ausgedienten Tisches und schon hat man einen Arbeitsplatz.

Übung: Erster Umgang mit Ölfarben

Damit Sie die Ölfarben, den Stoff also, mit dem Sie Ihre Bilder gestalten wollen, besser kennen lernen, empfehle ich Ihnen folgende Übung: Wir vernachlässigen zunächst einmal jede motivische Darstellung und stellen eine Karte mit Farbproben her (siehe Seite 12).

Mit dieser Karte können Sie bei der Arbeit sehr schnell den gesuchten Farbton auffinden. Sie erleichtert Ihnen das Mischen von Farben, und außerdem können Sie damit leicht überprüfen, wie der Farbton im getrockneten Zustand wirkt. Außerdem finden Sie mit dieser Arbeit einen Einstieg zu einem grundlegenden Farbverständnis, das in allen weiteren Malübungen vertieft wird.

Zunächst wird der Malgrund mit Caparol grundiert. Papier ist bereits nach einem Aufstrich mit Caparol bemalbar. Unbehandelte Kartons, Spanplatten und Ähnliches erhalten einen satten Voranstrich mit Caparol, der etwas mit Wasser verdünnt wurde, darüber legen Sie ein bis drei dünne Aufstriche mit weißer Dispersionsfarbe. Natürlich können Sie auch einen bereits fertig präparierten Malkarton aus dem Fachgeschäft verwenden.

Bringen Sie zunächst einen Probeanstrich aus jeder Ihrer Farbtuben auf

dieser Farbkarte an. Beginnen Sie links mit den drei Primärfarben Gelb, Blau und Rot. Dann mischen Sie immer aus zwei Primärfarben – also aus Gelb und Blau oder aus Gelb und Rot oder aus Blau und Rot – Zwischentöne aus und tragen sie jeweils unter den Primärfarben auf. So erhalten Sie die so genannten Buntfarben oder den Buntbereich.

Mit den drei primären Buntfarben, den Grundfarben Gelb, Rot und Blau, kann man alle bunten Farben aus dem Farbenspektrum ermischen. Tragen Sie jetzt auf der linken Seite Ihrer Farbenkarte so viele Zwischen- bzw. Mischtöne wie möglich aus jeweils zwei Primärfarben auf.

Das Wort Buntfarben legt nahe, dass es auch unbunte Farben gibt. Das sind Schwarz und Weiß. Auf der rechten Seite Ihrer Farbkarte tragen Sie jetzt Schwarz und Weiß ein und mischen anschließend unterschiedliche Grautöne zwischen Schwarz und Weiß. Wird der Mischton eher hellgrau, dann tragen Sie ihn näher zu Weiß auf, wird der Mischton eher dunkelgrau, tragen Sie ihn näher zu Schwarz auf. Sie erhalten so eine Reihe unterschiedlich grauer Zwischentöne, die so genannte Grautonreihe.

Mischt man nun zu Weiß irgendeine Buntfarbe dazu, hellt man diese Farbe auf. Mischt man einer Buntfarbe dagegen Schwarz bei, trübt oder dunkelt man diese Farbe. Die Mischung von Bunt- und Unbuntfarben lässt alle nur denkbaren Farbausmischungen und Zwischentöne zu.

Im zweiten Teil dieser Übung tragen Sie dann untereinander auch Ihre ergänzenden Farben von Neapelgelb dunkel bis Umbra gebrannt auf der linken Seite auf. Mischen Sie auch diese Farben jeweils zu gleichen Teilen mit Weiß oder mit Schwarz an und tragen Sie diese Töne auf der rechten Seite Ihrer Farbkarte auf.

Wenn Sie nun Ihre vollständige Farbkarte betrachten, werden Sie feststellen: Im hellen Farbbereich, wo Farbe

Farbkarte: *Spektralfarben (Buntbereich) aus I und II*

Grautonreihe

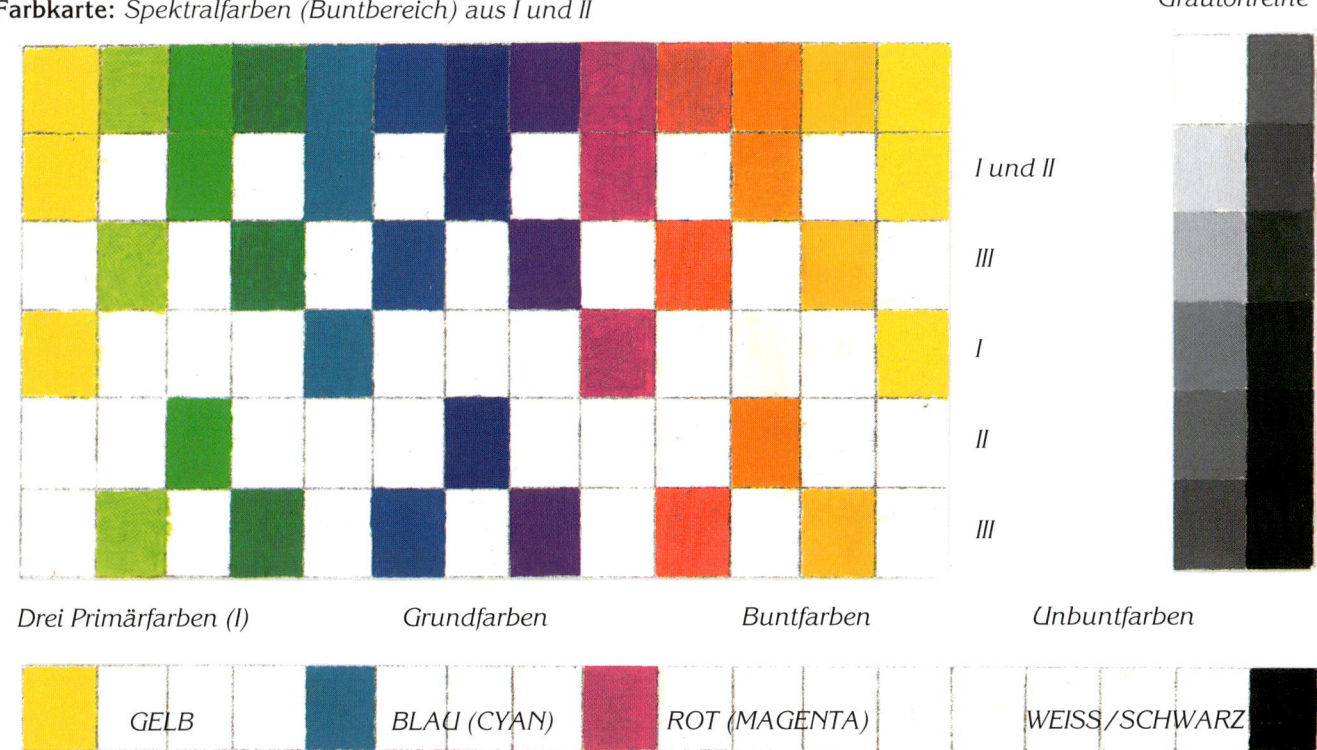

I und II

III

I

II

III

Drei Primärfarben (I)   *Grundfarben*   *Buntfarben*   *Unbuntfarben*

| GELB | | BLAU (CYAN) | | ROT (MAGENTA) | | WEISS / SCHWARZ |

Ergänzende Farben

Farbe (in der Mitte), links 1 : 1 ausgemischt zu Weiß, rechts 1 : 1 ausgemischt zu Schwarz

und Weiß gemischt wurden, unterscheidet man Farbnuancen leichter als im dunklen Bereich, wo Farbe mit Schwarz vermischt wurde.

Das ist für die Malpraxis bedeutsam: Dunkle Farbschattierungen erscheinen dem Auge als große, flächige, zusammenhängende Partien. Helle Bildstellen müssen dagegen stärker farblich differenziert werden, sonst wirken sie flach. Das menschliche Auge differenziert nämlich im Dunkelbereich weniger als im hellen Bereich.

Farben sind, so wie sie aus der Tube kommen, entweder von Natur aus deckend, pastos, andere halb-deckend-transparent, wieder andere lasierend und völlig transparent.

Diese Eigenschaften der Farben sind normalerweise auch auf den Farbtuben vermerkt. Wenn Sie jetzt Ihre Farbkarte selbst hergestellt haben, können Sie Ihre eigenen Erfahrungen mit den Bezeichnungen auf den Tuben vergleichen.

Neapelgelb dunkel

Permanentrot hell

Englischrot hell

Ultramarinblau hell

Indigo

Permanentgrün hell

Böhmische Grünerde

Lichter Ocker

Gebrannte Siena

Umbra gebrannt

Wasservermalbare Ölfarben

Seit einigen Jahren bieten die meisten Hersteller Ölfarben an, die mit Wasser verarbeitet werden können, d.h. sie lassen sich mit Wasser **vermischen, verdünnen und auswaschen.**

Für die Malpraxis bringt dies erhebliche Vorteile mit sich, da der gesamte Malprozess vereinfacht wird. So sind fortan auch die herkömmlichen Lösungsmittel nicht mehr notwendig. Alle Anwendungs-, Aufbewahrungs- und Sicherheitsvorschriften entfallen gänzlich. Außerdem kann auch das Arbeitsmaterial mit Wasser gereinigt werden – und dies sogar unter fließendem Wasser, da durch die starke Farbverdünnung praktisch keinerlei Umweltgefährdung zu befürchten ist. Und schließlich können auch Allergiker, die bisher auf die Acrylmalerei ausweichen mussten, endlich wieder mit Ölfarben malen.

Die wasservermalbaren Farben sind mit den herkömmlichen Ölfarben völlig identisch – der einzige Unterschied besteht in den Bindemitteln **Leinöl** und **Rapsöl**, die so modifiziert sind, dass sie nun Wasser nicht abstoßen, sondern sich damit gut vermischen lassen. Auch in der Art der Verarbeitung, in Hinblick auf die butterige Konsistenz der Farben sowie deren Beständigkeit gibt es keinen Unterschied zu den konventionellen Ölfarben.

Der Trocknungsprozess vollzieht sich bei diesen Farben ganz einfach durch Oxidation: Das Wasser verdunstet relativ rasch aus der Farbschicht; übrig bleibt der Ölfarbfilm, der wie bei allen konventionellen Ölfarben in etwa einer Woche durchtrocknet. Auch das ist für den Malprozess von Bedeutung, denn selbst nach dem Verdunsten des Wassers bleibt die Farbe nass und somit verarbeitungsfähig. Sparsam mit Wasser verdünnte Farbe trocknet langsamer, starke Verdünnungen trocknen schnell (wenig ölgebundenes Pigment).

Es kann auch jede handelsübliche Ölfarbe wasservermalbar eingestellt werden, durch tropfenweises Zugeben von Malmittel 7 (Lukas). Alle weiteren Arbeitsschritte wie mit den wasservermalbaren Ölfarben (siehe auch Seite 9).

Die meisten so genannten »Hydro-Ölfarben« lassen sich sogar mit herkömmlichen **Malmitteln** verarbeiten, verlieren dann allerdings zunehmend ihre Eigenschaft, wasservermalbar zu sein. Manche Hersteller bieten **wassermischbare Malmittel** an, mit denen wie bei den herkömmlichen Ölfarben alle Maltechniken praktiziert werden können – vom **pastosen,** d.h. dicken Farbauftrag bis hin zur transparenten **Lasurtechnik.**

Als Firnisse können die herkömmlichen Produkte in üblicher Weise angewandt werden (siehe Seite 70).

Auch für wasservermalbare Ölfarben gilt die Regel:
Fett auf mager!
Das besagt, dass von Farbschicht zu Farbschicht die Verdünnung mit Wasser abnehmen sollte und damit die folgenden Schichten immer mehr Farbstoff und modifizierte Bindemittel enthalten sollen. Die Schichten werden also immer dicker, d.h. mit anderen Worten:
Dick auf dünn!
Auf den Seiten 20 bis 23 finden Sie eine Übung mit **wasservermalbaren Ölfarben.**

> **Tipp**
> Für den Schulbereich und für Malkurse sowie beim Malen im Freien sind wasservermalbare Ölfarben besonders zu empfehlen!

Wasservermalbare Ölfarben werden in Tuben angeboten.

Einfach zu malen anfangen

Nachdem Sie sich Ihr Material zurechtgelegt haben, die Farben in der empfohlenen Ordnung auf Ihre Palette aufgetragen haben, empfehlen sich ein paar Fingerübungen, um auch den Gebrauch des Pinsels und verschiedene Techniken des Farbauftrags kennen zu lernen.

Pinselhandhabung

So hält man den Pinsel richtig: Man fasst den Pinselstiel locker, nicht allzu fest, in der hinteren Griffhälfte. Damit die Hand nicht verkrampft, legt man dann und wann eine kleine Pause ein und schüttelt die Hand locker aus.

Die Bewegungen mit dem Pinsel erfolgen aus dem Handgelenk und aus der Schulter, wodurch der Oberarm leicht mitgeführt wird.

Grundsätzlich kann man Farbe dünn und flüssig auftragen, z. B. bei der Vorzeichnung oder bei feinen Details. Sie kann kräftig deckend, pastos und fleckig aufgesetzt werden, z. B. in der Spachteltechnik, die fast reliefartige Wirkung hat. Sie kann aber auch großflächig aufgestrichen werden, z. B. bei Lasuren, wo sie dann sehr zart und transparent wirkt, oder angesetzt mit Verdickungsmitteln, wo die Farbe dann flächig deckend wirkt. Farbnuancen können auf der Palette, aber auch auf dem Bildgrund der Bildfläche selbst vermischt werden, wo stark kontrastierende Farben aufeinander treffen.

In der Ölmalerei unterscheidet man deshalb drei grundlegende Arten des Farbauftrags:

Lasierende Malerei, dünnflüssiger, transparenter Farbauftrag, wie er besonders in der Schichtenmalerei beliebt ist.

Pastose Maltechnik, dickflüssiger bis zäher Farbauftrag, besonders geeignet für eine »Primamalerei«. Das Bild entsteht dabei in einem Arbeitsgang (alla prima).

Spachteltechnik, pastose, flächige Malweise, bei der die Farbe mit einem Malmesser oder einem Spachtel aufgetragen wird. Dabei wird der Farbe manchmal auch ein Verdickungsmittel, so genannte Malbutter, zugesetzt.

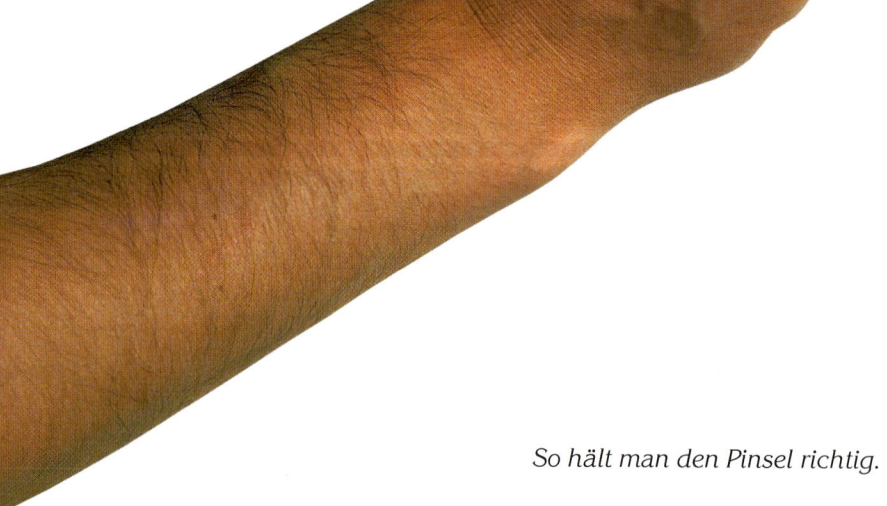

So hält man den Pinsel richtig.

Übung in lasierender Maltechnik

Bei diesem kleinen Stillleben sollen verschiedene Malschichten übereinander gelegt werden. Man beginnt mit der **Grundierung**, und sobald diese durchgetrocknet ist, wird der Malgrund »gelöscht«. Dabei trägt man ein Gemisch aus Leinöl, Harzöl und Terpentinöl auf den Malgrund auf, damit dieser eine gleichmäßige Saugfähigkeit erhält.

Die Ölfarbe bleibt jetzt besser auf dem Malgrund stehen. Man kann auch diesem Gemisch bereits etwas Tubenfarbe beimischen, so dass eine erste Tönung des Malgrundes ent-

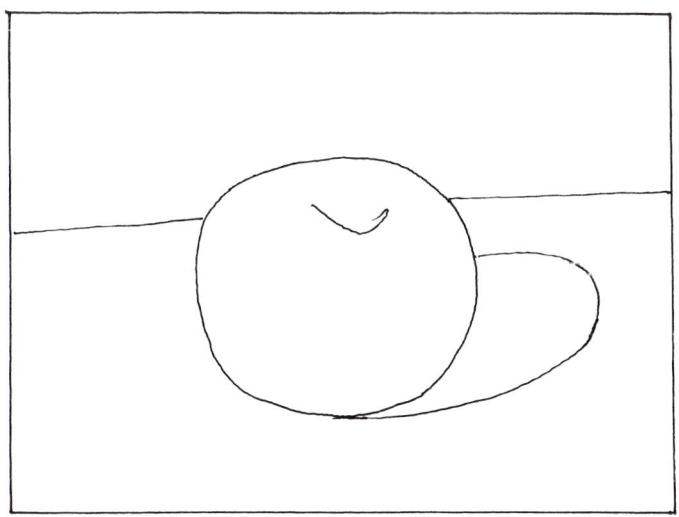

*Grund-
komposition
Apfelstillleben*

In einem zweiten Schritt wird die Skizze mit Farbschichten flächig überarbeitet (siehe Abbildung Untermalung). Mit einer Mischung aus Englischrot, Ocker und Böhmischer Grünerde wird von außen an den Apfel herangemalt, der als negative Fläche ausgespart bleibt. Dunkle Partien im Hintergrund und auf der Schattenseite des Apfels geben diesem Volumen und dem kleinen Bild bereits Tiefe.

Auch diese Farbschichten müssen durchtrocknen, erst dann kann weitergearbeitet werden. Auch die nächsten, flächig aufgelegten Farbschichten werden noch mager, d. h. mit wenig Ölzusätzen aufgetragen. Man nennt

Vorzeichnung und Imprimitur

Untermalung

steht. Dieser Anstrich wird **Imprimitur** genannt. Zweckmäßigerweise verwendet man dafür einen zarten Erdton: Böhmische Grünerde, Siena, Umbra oder Ocker.

Nach der Imprimitur folgt als erster Arbeitsschritt die **Vorzeichnung**, die gleich mit verdünnter Ölfarbe und einem Rundpinsel angelegt wird. Von einer Vorzeichnung in Bleistift oder Kohle rate ich ab. Graphit und Kohle werden von Öl und Farbe verwischt, vermischen sich mit der Farbe und trüben diese ein. Das Bild wirkt dadurch gleich schmutzig.

Die Imprimitur aus Terpentin und rötlichem Ocker sowie die zarte Pinselzeichnung stehen jetzt auf dem Malgrund. Jetzt muss das Bild erst trocknen. Mit der Vorzeichnung hat man sich auch auf eine Grundkomposition festgelegt: Man erkennt die Rundform eines kleinen Apfels, im Hintergrund ist eine Tischkante angedeutet, und rechts vom Apfel zeichnen sich die Konturen eines Schlagschattens ab. Der Apfel ist etwas aus dem Zentrum des Bildes herausgerückt, und auch die Tischkante wird leicht schräg in das Bild gesetzt, was etwas mehr Dynamik erzeugt.

sie noch **Untermalung** (siehe Abbildung Seite 16, Untermalung).

Im dritten Schritt wird neben lichtem und rötlichem Ocker zusätzlich Weiß und Böhmische Grünerde verwendet (siehe Abbildung Seite 16). Die **Übermalungen** des Apfels, der rechten hinteren Bildhälfte und des linken Vordergrunds dienen dazu, noch mehr Volumen und Räumlichkeit im Bild anzudeuten. Die **Lasuren** betonen insbesondere den Hell-Dunkel-Kontrast. Dunkle Bildpartien grenzen an helle. Zum Thema Kontrast siehe Seite 30/31.

Untermalung

Fleckenhafte Übermalung des Apfels

Übung in pastoser Maltechnik

Das gleiche Motiv – ein kleiner Apfel – wird hier mit dickflüssiger, kaum tropfender, meist auch stark deckender Farbe gemalt. Der pastose Auftrag kann noch gesteigert werden, wenn mit leicht angetrockneter Farbe gearbeitet wird oder Verdicker, so genannte Malbutter, der Farbe beigemischt wird. Verwendet man Malbutter, sind keine weiteren Malmittelzusätze notwendig.

Primamalerei nennt man die Arbeitsweise, bei der in einem einzigen Arbeitsgang ein Bild gemalt und beendet wird (alla prima). Die Farbe wird dabei nass in nass verarbeitet. Die einzelnen Farbabstufungen werden direkt auf der Bildfläche ermischt.

Tragen Sie die Farbe in kleinen Flecken dicht neben dicht auf den Bildgrund auf. Farbmischungen entstehen mit der pastos-dicken Farbe am besten auf dem Malgrund. Will man einen Farbton aufhellen, setzt man ihm etwas Weiß zu. Ich empfehle Titanweiß, weil dieses nicht nachdunkelt.

Will man die Farbe abdunkeln, kann man Schwarz verwenden. Raffinierter und interessanter wirkt es aber, wenn man die Farbe mit ihrer komplementären Gegenfarbe vermischt (vgl. Komplementärfarbe, Seite 26).
So z. B. wenn man Chromoxidgrün etwas dunkelroten Krapplack beimischt oder Umbra geringe Mengen Ultramarinblau. Auf diese Weise erzielen Sie tiefe, aber farbige und brillante Dunkelwerte.

Pastose Malerei oder Primamalerei

Übung
in Schichtenmalerei

Das kleine Stillleben, das zuvor in einem Zuge, in der so genannten Primatechnik gemalt wurde, kann natürlich auch in verschiedenen, einzeln übereinander gelegten Schichten erarbeitet werden. Es ist möglich, sowohl in die noch nasse als auch auf die angetrocknete Farbschicht zu arbeiten. Bei jeder neu hinzukommenden Farbschicht ist darauf zu achten, dass der Farbe immer etwas mehr Öl zugemischt wird, was der Arbeitsweise »fett auf mager« entspricht.

In der Schichtenmalerei folgt auf die Untermalung die so genannte **Weißhöhung.** Verdünnte, weiße Farbe wird direkt mit einem dünnen, weichen Rundpinsel und in feiner Linienführung aufgezeichnet. Meist werden Höhungen weiter mit Farbe überarbeitet, gelegentlich kann man sie aber auch als Lichtspuren stehen lassen, über die man eventuell dann noch eine Farblasur legt. Details, Lichtreflexe, Wolken, Glanz- und Lichtpunkte werden in der Regel als letzte Farbschicht in Weiß aufgetragen.

Lasuren sind transparente, dünne Farbschichten, die über andere Farben gelegt werden. Farblasuren wirken sehr tief und intensiv. Mit ihnen können ganze Bildpartien zusammengefasst werden, z. B. der Himmel, Schattenflächen und anderes. Bevor eine Lasur aufgelegt wird, muss die vorige Farbschicht unbedingt durchgetrocknet sein. Wiederum gilt: »Fett auf mager« arbeiten.

Modellieren

Ein Bild kann auch wie eine Kleinplastik zusammengebaut oder modelliert werden. Kleine Farbflächen in Weiß, Schwarz und ein bis zwei weiteren Farben folgen den Formen – hier des Apfels – und beschreiben dessen Volumen und Körperhaftigkeit. Im Großen wie auch bei jedem einzelnen Farbfleck wird Helligkeit gegen Dunkelheit und Farbe gegen Farbe gesetzt.

Weißhöhung

▲ *Modellieren durch Farbabstufungen*   ▼ *Modellieren Ton in Ton*

17

Modulieren

Mit dieser »bildhauerlichen« Manier, ein Bild zu gestalten, kann man Richtungen, Formen und Gegenstände im Bild rasch und eindeutig festlegen. Sie dient der Geschlossenheit des Bildaufbaus. Außerdem schult man mit dieser Methode sehr sorgfältig seine Beobachtungsgabe. Infolge der Kleinteiligkeit der Farbsetzungen wird auch ganz natürlich jeder vordergründige Knalleffekt der Farbigkeit vermieden. Das Bild wirkt einfach zu stark durchstrukturiert und kleinteilig erarbeitet.

Modulieren

Modulieren ist bereits hohe Kunst des Farbauftrags. Wer Farbtöne moduliert, versteht schon sehr viel von Farbe. Es werden vorwiegend auf dem Farbkreis benachbarte Farbtöne untereinander verwoben und auf dem Bildträger vermischt. Die feinsten Übergänge von einer zur anderen Farbe geben dem Dargestellten Räumlichkeit und Volumen. Außerdem wird die Eigenhelligkeit jeder Farbe genutzt, so dass das Bild vom Hell-Dunkel-Kontrast, aber auch vom Komplementärkontrast geprägt ist (siehe Kontraste, Seite 30).

Konturen verwischen (Sfumato)

Konturen verwischen
(auch Sfumato genannt)

Härten wie z. B. Konturlinien können im Bild mit einem trockenen, weichen Gussow-Pinsel verwischt werden. So werden harte Übergänge ineinander verwoben und verschliffen. Für das Auge entsteht ein gewisser Wackel- bzw. »Weichzeichnereffekt«. Man sollte jedoch diese Verwischtechnik sehr sparsam einsetzen, denn sie wirkt mitunter doch recht geschmäcklerisch.

Übung in Spachteltechnik

Hier wird mit einem Malmesser oder einem Malspachtel, auch Palettmesser genannt, Farbe aufgetragen. Mal- oder Palettmesser gibt es ebenso wie Pinsel in verschiedensten Breiten und Stärken. Sie sollten aus Edelstahl gefertigt sein und eine elastische Klinge haben. Auch mit dem Spachtel kann man Farbe in mehreren Schichten auftragen. Die untersten Schichten sollten allerdings nicht zu dick sein, sie können sonst später abplatzen. An einfachen Formen wie dem Apfelstillleben« lässt sich die Spachteltechnik leicht trainieren.

Spachteltechnik

Verschiedene Spachtelstrukturen

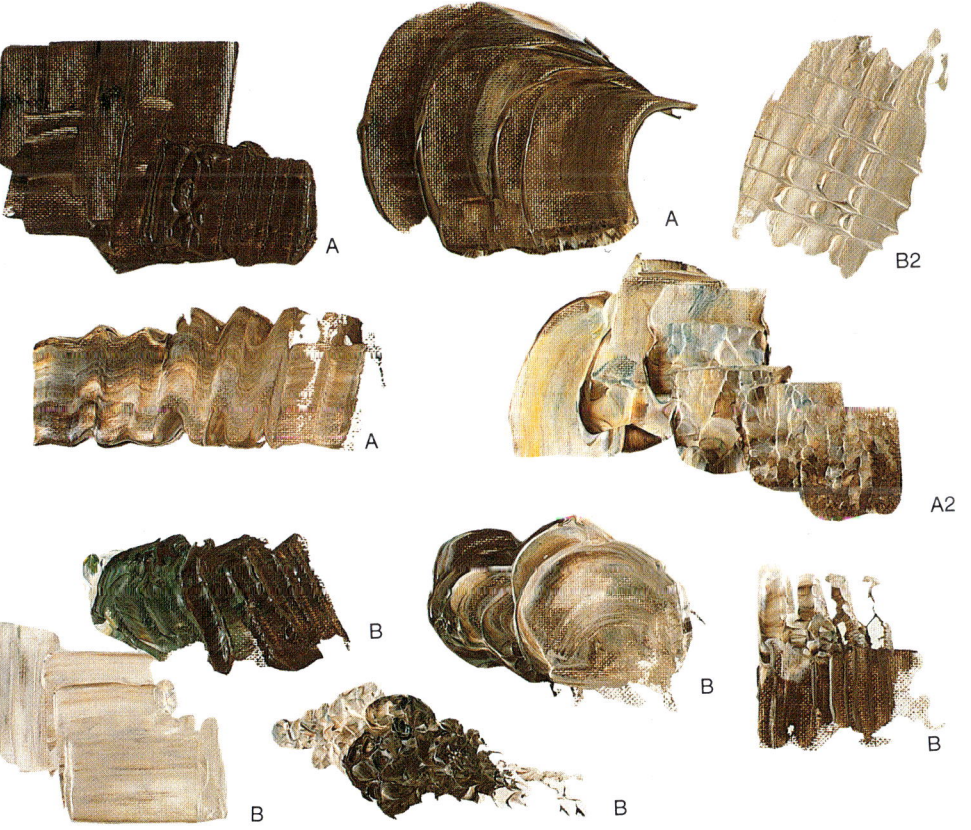

Unterschiedliche Struktureffekte mit Spachtel oder Palettmesser

Die mit A gekennzeichneten Abbildungen zeigen Strukturierungen, bei denen der Spachtel senkrecht, waagerecht, halbkreis- oder wellenförmig geführt wurde. Durch Andrücken des Spachtels auf den Malgrund und rasches Wegziehen strukturiert sich die Farbmasse noch mehr (Abbildung A2). Das Arbeiten mit dem Spachtel empfiehlt sich bei größeren Formen oder Strukturflächen.

Bei den mit B gekennzeichneten Abbildungen handelt es sich um Aufträge mit dem Palettmesser. Hier sind feinere Strukturen und formgenaueres Arbeiten möglich. Die gitterförmige Struktur bei Abbildung B2 entstand durch mehrere nebeneinander liegende senkrechte Aufträge mit dem Palettmesser und anschließendes waagerechtes Durchziehen der Schmalkante des Messers. Für dieses Übungsbeispiel eignet sich als Malgrund besonders Malpappe.

Übung
mit wasservermalbaren Ölfarben

Beim Arbeiten mit wasservermalbaren Ölfarben gilt es Folgendes zu beachten:

- Verwenden Sie in diesem Fall **Pinsel mit lackierten Stielen**; unbehandelte Holzstiele quellen beim Kontakt mit Wasser auf und schrumpfen anschließend, wenn sie trocknen. Die Folge ist, dass die Pinselzwinge nicht mehr fest sitzt!
- Aus dem gleichen Grund auch keine Holzpaletten zum Mischen der Farben verwenden.
- Sämtliche Malwerkzeuge gleich nach der Malarbeit unter fließendem Wasser reinigen, gegebenenfalls mit etwas Seife.
- Die Farben nicht zu stark mit Wasser verdünnen; die Mischungen wirken sonst anfangs milchig-trüb. Auch hier gilt für die Vorgehensweise: »Fett auf mager«!
- Umsteiger von konventionellen auf wasservermalbare Ölfarben müssen mit einer Gewöhnungszeit rechnen.
- Wird zusätzlich mit herkömmlichen Ölfarben gearbeitet, ist diesen Malmittel 7 (Lukas) tropfenweise beizugeben. Die Farben sind nun ebenfalls wasservermalbar und können mit Hydro-Ölfarben vermischt werden.

Zunächst legen Sie Imprimitur und Vorzeichnung mit Ocker und etwas Weiß an. Die Farbe wird verdünnt aufgetragen, für die lockere Vorzeichnung verwenden Sie einen spitzigen Rundpinsel. (Erster Schritt)

Das Bildmotiv: Stillleben mit Keramikschale

Erster Schritt

Nun werden für das zusammengelegte rote Tuch und die Schattierung mit Umbra und Karminrot flächige Partien angelegt. Da Imprimitur und Vorzeichnung relativ rasch trocknen, kann in einem Zug weitergemalt werden. Die Farben kaum verdünnt auftragen und so ineinander verarbeiten, dass sich die einzelnen Formen nicht voneinander abgrenzen; sie würden sonst wie ausgeschnitten, nicht räumlich wirken. Zu starke Pinselstrukturen werden in diesem Arbeitsabschnitt mit einem sauberen, weichen Haarpinsel geglättet, zu starke Konturen weich verwischt (siehe Sfumato, Seite 18). Verbleibende weiße Stellen sind ausgespart.

Zweiter Schritt (Ausschnitt)

Dritter Schritt (Ausschnitt)

Die ganze Bildfläche wird jetzt energisch überarbeitet, dabei die verschiedenen Form- und Farbpartien ineinander »verweben«. Auf diese Weise wächst das Bild organisch zusammen. Zur Ausarbeitung der Keramikschale werden Weiß, Ocker, Umbra und ganz sparsam Dunkelgrün verwendet – wobei mit diesem Ton auch die Verschattungen im roten Tuch akzentuiert und komplementär gebrochen sind. (Dritter Schritt)

Im dritten Arbeitsschritt (siehe Abbildung Seite 22) entsteht die endgültige Fassung des Stilllebens. Mit dünnem Rundpinsel werden die Lichtpunkte auf der Schale aufgesetzt. Signatur und Datum sind mit dem Pinselstiel eingeritzt.

Stillleben mit Keramik, Öl (wasservermalbar) auf Leinwand, Format 20 x 20 cm

Stillleben haben die stille Welt der Dinge zum Thema, daher auch der Begriff *natura morta*. Nahezu unbegrenzt kann man hierbei Form, Farbe, Licht, Bildaufbau und Bildraum studieren

Stillleben« mit Gefäßen, Öl auf Leinwand, Format 58 x 55 cm ▶

Primärfarben

mit Weiß aufgehellt

mit Schwarz abgedunkelt

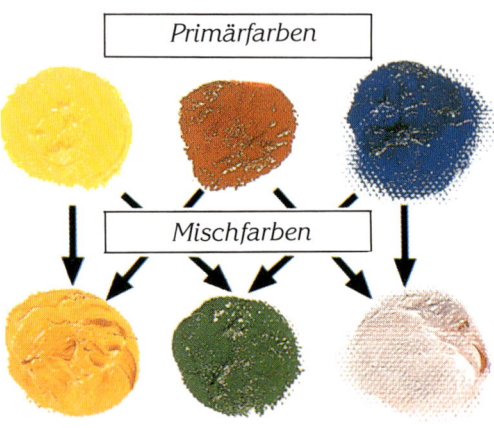

Primärfarben

Mischfarben

Schon die erste Begegnung mit den Farben beim Erstellen der Farbkarte (siehe Seite 12) hat erkennen lassen, dass ein breites Spektrum von reinen und gemischten Farben darauf wartet, in Malerei umgesetzt zu werden.

Impressionen und Empfindungen, die das Auge vermittelt, sind individuell verschieden und für jeden Menschen anders. Es stellt sich auch die Frage, ob Sie so malen wollen, wie Sie die Dinge sehen, oder wie Sie sie sehen wollen. In beiden Fällen wird man um ein paar »Gesetzmäßigkeiten« der Farbe und ihrer Wirkungen im Bild nicht herumkommen.

Nur wer diese Gesetzmäßigkeiten kennt, wird sie auch dazu nutzen können, seinem Bild die eine oder andere Wirkung zu verleihen: Was hat es beispielsweise mit den Kontrasten auf sich, mit dem Zusammenspiel von Form, Farbe und Räumlichkeit, mit dem Gerüst aus Linien, Flächen und Strukturen, die alle zusammen eine gelungene Komposition ausmachen?

Doch keine Angst vor dem umfassenden Begriff »Farblehre«. Mit der anschließenden Übung zum Farbenmischen wird sich Ihnen das scheinbar komplizierte Thema leicht und anschaulich erschließen. Doch warum eigentlich Farben mischen?

Natürlich kann man sich auch ein möglichst umfassendes Farbensortiment kaufen, um immer die gewünschte Farbe ungemischt und rein aus der Tube auf die Leinwand drücken zu können. Richtig spannend wird die Sache jedoch erst dann, wenn man Farbwirkungen im Bild bewusst kalkulieren, Farben treffsicher mischen und stimmig ins Bild bringen kann.

Denn Malerei ist ja etwas grundlegend anderes als Abmalen, die pure Wiedergabe des Gesehenen. Malen im eigentlichen Sinne setzt dort ein, wo man bewusst vom Geschauten abstrahiert, Farbe gestaltet, Farbkontraste setzt und die Farbeigenschaften für eine künstlerische Bildidee gekonnt nutzt. Dies setzt jedoch voraus, dass man einiges über Farbe, Farbkontraste und ihre Wirkung im Bild weiß.

Grundlegende Farbwirkungen

Farben sind in ihrer Wirkung immer abhängig von der Art ihrer Beleuchtung. Das gilt für die Eigenfarblichkeit jedes Gegenstandes genauso wie für die Farben in einem Bild. In der Malerei ist das bedeutsam: Es macht

Grundfarben –
Primärfarben

Farblehre

Nachdem Pinselhaltung, Farbauftrag und die grundlegenden Maltechniken angesprochen wurden, wendet sich das folgende Kapitel der eigentlichen Arbeit mit Farben zu.

z. B. einen großen Unterschied, ob bei gleichmäßigem Tageslicht oder bei künstlicher Beleuchtung gemalt wird. Und die gleiche Landschaft, das gleiche Motiv vor der Natur gemalt, wirkt unter diffusem, wolkenverhangenem Himmel deutlich anders als im hochsommerlichen Mittagslicht oder im warmen Licht eines Spätsommerabends.

Man unterscheidet deshalb die **Gegenstandsfarbe**, die stoffliche Farbbeschaffenheit eines Objekts – das Weiß einer Porzellantasse, einer verputzten Wand – von der **Lokalfarbe**. Letztere zeigt das optische Erscheinungsbild dieses Gegenstands unter den jeweiligen Lichtverhältnissen. Die Lokalfarbe kann in unterschiedlichsten Farbabstufungen der Gegenstandsfarbe von warm bis kalt, von hell bis dunkel auftreten.

Farbe wirkt immer auch räumlich, sowohl real in einem Zimmer oder in der Landschaft als auch übersetzt in einem Bild. Im Allgemeinen werden Kontraste mit zunehmender Entfernung immer schwächer, die Gesamtfarbigkeit wird bläulicher und heller. Helle, gesättigte Farbtöne – insbesondere die **Spektralfarben** – treten nach vorne, getrübte und gebrochene Farben weichen zurück.

Die Spektralfarben sind die reinen Farben des Regenbogens: Gelb, Rot, Blau, Grün, Orange und Violett, die sogenannten Primär- und Sekundärfarben.

Allerdings sind Farben und ihre Wirkung immer relativ, d. h. ein dunkler Baum im Vordergrund kann natürlich nur mit einer dunklen Farbe gemalt werden. Den beobachteten Farbton unter den besonderen Lichtverhältnissen zu treffen, einen anderen Ton in bewusstem Kontrast dagegen zu setzen, ist aber nicht zuletzt das Resultat kalkulierten Mischens auf der Palette. Selbst dem Könner bereitet aber das Farbenmischen erfahrungsgemäß Schwierigkeiten. Häufig enden alle Bemühungen in einem totgemischten Graubraun, dem sehr viel Farbmaterial zum Opfer gefallen ist. Damit Ihnen das zukünftig nicht mehr passiert und damit Sie sich mit Farben und Kontrasten auskennen, empfehle ich, das nächste Kapitel durchzuarbeiten.

Gegenstandsfarbe – Lokalfarbe: Links ist das Weiß der Tasse als Materialfarbe wiedergegeben. Rechts lassen die Form des Objekts, seine Beleuchtung und Lage im Raum das Weiß in zahlreichen Nuancen erscheinen. Die Tasse wirkt räumlich-plastisch.

Räumliche Wirkung nah und fern: Beide Häuser sind gleich groß, wirken aber durch die Farbgebung und das Hell-Dunkel unterschiedlich weit entfernt

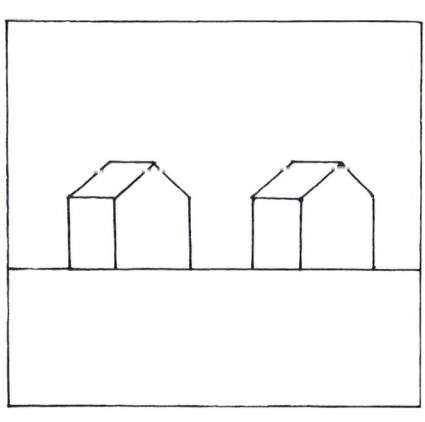

Übung zum Farbenmischen:
Fünf Farben genügen

Mit folgender Übung gewinnt man Sicherheit im Farbenmischen. Bei jeder Bildarbeit, bei Farbanalysen vor einem Motiv, beim bewussten Setzen von Farbkontrasten macht sich diese Vorübung positiv bemerkbar.

Der vollständige zwölfteilige Farbkreis. Er zeigt alle Buntfarben oder Spektralfarben.

Für die Übung benötigen Sie drei Buntfarben und zwei unbunte Farben. Buntfarben sind **Gelb, Rot** und **Blau.** Sie sind die drei Grundfarben oder Primärfarben, aus denen sich das gesamte Farbspektrum ausmischen lässt. **Weiß** und **Schwarz** sind die unbunten Farben. Mischungen zwischen diesen beiden Farben ergeben verschiedene Grautöne, die sich systematisch zwischen Weiß und Schwarz anordnen lassen. Mischt man diese fünf Farben untereinander, kann man sämtliche nur denkbaren Zwischentöne und Farbmischungen erzielen.

Wer die Übung im Farbmischen Schritt für Schritt nachvollziehen will, benötigt allerdings besonders reine Farben. Das bedeutet, dass den Grundfarben Gelb, Rot und Blau keine Fremdpigmente beigemischt sein

dürfen. Das trifft nur für ein neutrales Gelb, ein Magentarot und ein Cyanblau zu, wie sie als Ölfarben bei der Firma Schmincke unter der Bezeichnung Akademie-Ölfarbe-»System« erhältlich sind. Wenn sie also mit anderen Gelb-, Rot- und Blautönen arbeiten, werden sich automatisch Abweichungen in den folgenden Mischtönen ergeben.

Ermischung des kompletten Farbkreises aus den Primärfarben:
Der zwölfteilige Farbkreis

Sein Bauplan geht auf den Farbkreis (1920) von Johannes Itten zurück, einem Maler und Lehrer am Bauhaus in Weimar. Tragen Sie Ihre Primärfarben Gelb, Rot und Blau in das innere Dreieck ein – und zwar Gelb oben, Blau links und Rot rechts. Die Spitze jeder Farbfläche zeigt auf ein Feld auf dem äußeren zwölfteiligen Kreis. Auch diese Felder werden mit gleicher Farbe ausgemalt, so dass oben auf dem Kreis Gelb, links unten Blau und rechts unten Rot zu stehen kommt. Zwischen zwei der Buntfarben liegen jeweils drei freie Felder.

Mischt man nun zwei benachbarte Farben zu gleichen Teilen, ergibt sich ein Mischton, der der dritten, unbeteiligten Farbe auf dem Farbkreis gegenüberliegt. Damit haben Sie die so genannten Sekundärfarben gefunden. Tragen Sie diese auf dem äußeren Farbkreis gegenüber der jeweils unbeteiligten Primärfarbe ein, aber auch in dem gleichschenkeligen Dreieck, dessen Basis an die beiden Farben im inneren Dreieck angrenzt, aus denen sie jeweils ermischt wurde. Die Sekundärfarbe aus Gelb und Magentarot ist ein Orange, aus Magentarot und Cyanblau ergibt sich ein Blauviolett, und aus Cyanblau und Neutralgelb ergibt sich ein Grünton. Primärfarbe und gegenüberliegende Sekundärfarbe ergänzen sich, wenn man sie in gleichen Teilen zusammenmischt, zu einem schwarzgrauen Mischton. Man nennt diese Paare auch **Komplementärfarben.**

Die weitere Ausmischung zu gleichen Teilen von benachbarten Primär- und

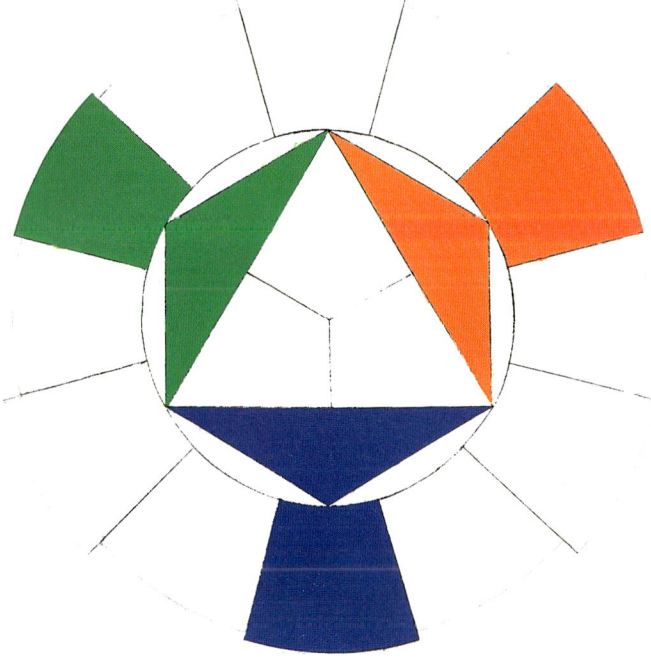

Die drei Grundfarben; ihre Anordnung im Farbkreis

Die Sekundärfarben; Ausmischungen im Verhältnis 1:1 von jeweils zwei Primärfarben

Primär- und Sekundärfarben; komplementäre Farben liegen sich gegenüber.

Tertiärfarben; Ausmischungen benachbarter Primär- und Sekundärfarben

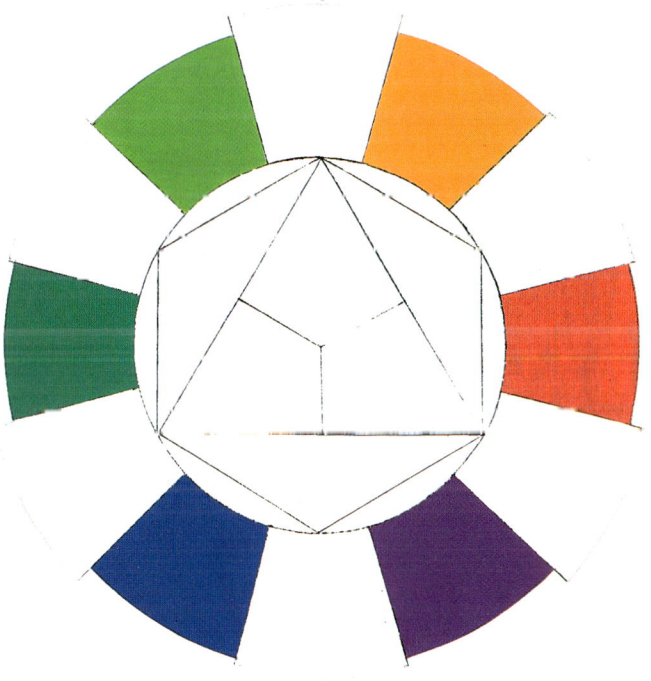

Alle Farben zusammengemischt ergeben ein Grauschwarz. Hier die Mischmitte von Gelb, Rot und Blau

Mischungen der Spektralfarben nach Weiß (Aufhellen) und nach Schwarz (Trüben)

Sekundärfarben ergibt sechs weitere Farben, die so genannten **Tertiärfarben**. Diese liegen auf dem zwölfteiligen Farbkreis jeweils ihrer Komplementärfarbe gegenüber. Auch diese Farbpaare mischen sich zusammen zu einem neutralen Grauschwarz.

Aus den drei Grundfarben ergeben sich zusammen mit ihren Übergängen zu benachbarten Farbbereichen folgende Farbordnungen:

Zwischen Gelb und Magentarot befindet sich der **Orangebereich**. Dieser gesamte Farbbereich bildet die so genannten **warmen Farben**. Zwischen Magentarot und Cyanblau liegt der **Blauviolett-Bereich**. Er bildet den Übergangsbereich von Warm zu Kalt. Zwischen Cyanblau und Neutralgelb liegt der Zwischenbereich aller Grüntöne. Dies sind die klassischen **kalten Farben**.

Aufhellen und Abdunkeln der Farben

Weiß und Schwarz

Alle Farben lassen sich mit Weiß aufhellen und mit Schwarz abdunkeln bzw. eintrüben. Es hängt vom jeweiligen Lichtwert der einzelnen ungemischten Farbe ab, wie schnell sie ihren größtmöglichen Aufhellungs- bzw. Abdunklungsgrad erreicht hat, der für das Auge noch unterscheidbar bleibt. So lässt sich z.B. Gelb, das mit unterschiedlichen Anteilen von Schwarz gemischt wird, auch in dunkelsten Ausmischungen noch sehr deutlich erkennen, was bei Mischtönen im blauen oder violetten Bereich schon sehr viel früher nicht mehr möglich ist.

Beachten Sie die Farbwirkungen der verschiedenen Mischtöne im links abgebildeten Farbkreis. Zum Zentrum – der Mischmitte hin – wird der jeweiligen Spektralfarbe (breites Farbfeld) zunächst im gleichen Mischungsverhältnis, dann anteilig abgestuft, Schwarz zugegeben. Nach außen hin – zur Peripherie des Kreises – wird jeder Farbe gleichmäßig zunehmend Weiß beigemischt.

> **Merke**
> **Mit Weiß gemischt wird jede Farbe aufgehellt, mit Schwarz wird sie getrübt und abgedunkelt.**

Komplementäre Brechung der Spektralfarben. Auf dem Farbkreis gegenüberliegende Farben mischen sich zu interessanten Dunkel- bis Schwarztönen.

Abdunkeln durch komplementäre Brechung

Komplementäre, auf dem Farbkreis gegenüberliegende Farben werden zu gleichen Teilen gemischt grauschwarz. Zu unterschiedlichen Teilen gemischt ergeben sich reizvolle Dunkeltrübungen der jeweils vorherrschenden Farbe. Man spricht von **komplementärer Brechung**.

> **Merke**
> **Ausgezeichnete räumliche Wirkungen erzielt man durch Dunkeltrübung der Farben in komplementärer Brechung.**

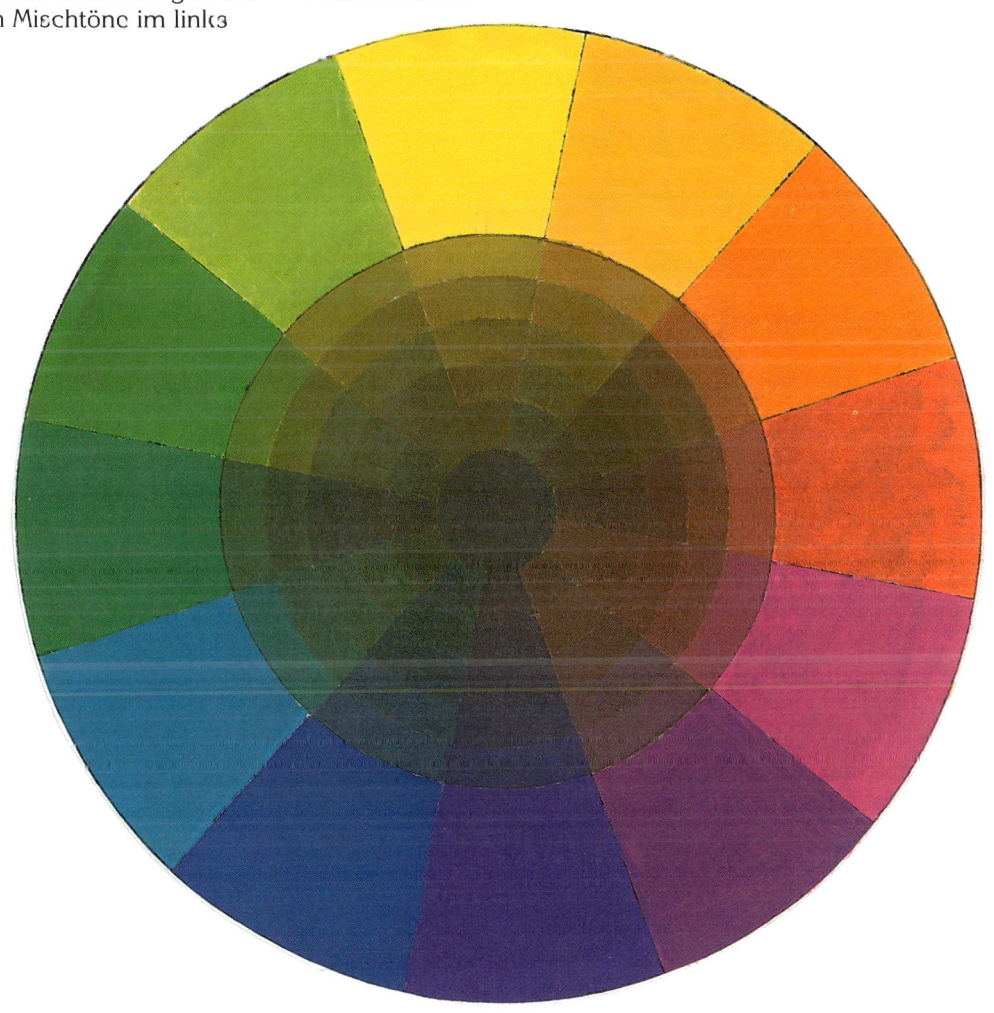

Hell-Dunkel-Kontrast

Farbe-an-sich-Kontrast

Farbkontraste und ihre Wirkungen im Bild

Farben werden von unserem Auge nicht einzeln für sich, sondern in ihrer Wirkung auf- und miteinander wahrgenommen. Häufig erkennt man die Besonderheit einer Farbe nur als Unterschied zu ihrer Umgebung. Man spricht dann von einem Kontrast. Diese Kontrastwirkungen sind wichtige Gestaltungsmittel in der Malerei. In einem Bild treten meistens mehrere Kontraste nebeneinander auf.

Für unser Auge unmittelbar und am leichtesten erkennbar sind Hell-Dunkel-Unterschiede, weil es in der Netzhaut mehr Rezeptoren für Hell-Dunkel als für Farbigkeit gibt. Jede Farbe hat aber auch ihre ganz eigene Farbhelligkeit, ihren »Lichtwert«. So ist Gelb deutlich heller als Violett, Rot und Grün erscheinen etwa gleich hell, Blau kommt dem Violett nahe. Der **Hell-Dunkel-Kontrast** nutzt die Unterschiede im Lichtwert der Farben.

Verschiedene, beliebig nebeneinander gesetzte Farben, ohne Beachtung ihrer Eigenschaften, ihrer Wirkung und Polarität zu anderen Farben, bilden die einfachste aller Kontrastwirkungen, den sogenannten **Farbe-an-sich-Kontrast**. Seine Wirkung kann knallig, laut und plakativ sein.

Farben, die sich auf dem Farbkreis gegenüberliegen, ergeben, wenn sie zusammengemischt werden, Grauschwarz. Hart nebeneinander gestellt, steigern sie sich zu großer Farbintensität und Leuchtkraft: dem Komplementärkontrast. Dezentes Beimischen einer Komplementärfarbe zur Farbe ergibt reizvolle Dunkeltrübungen, mit denen man ausgezeichnete räumliche Wirkungen erzielen kann. Im **Komplementärkontrast** gestaltete Bilder wirken ausgesprochen harmonisch und ausdrucksstark.

Die Eigenschaft der Farben, im Menschen das Gefühl von Wärme oder Kälte zu wecken, nutzt eine andere Kontrastwirkung. Warme Farben aus dem Farbspektrum zwischen Gelb und Rot stehen kalten Farben aus dem Spektrum von Blauviolett bis Gelbgrün gegenüber: der **Warm-Kalt-Kontrast**. Bilder, in denen mit Warm-Kalt-Kontrast gearbeitet wird, bei denen womöglich noch Schwarz zum Trüben und Weiß zum Aufhellen der Farbe eingesetzt wurden, strahlen eine ruhige, subtile Farbigkeit aus. Die Farben verschatten sich gegenseitig, wenn man sie untereinander mischt.

Eine ähnliche Kontrastwirkung, aber nur in einem Farbbereich angesiedelt, stellt der **Qualitätskontrast** dar, auch Intensiv-Stumpf-Kontrast genannt. Reine ungemischte Farbe steht Flächen gegenüber, bei denen die gleiche Farbe mit Weiß oder Schwarz gemischt und getrübt wurde. So entstehen Bilder in Ton-in-Ton-Anmutung. Solche Bilder können leicht etwas flach wirken, wenn zu dieser Palette nicht zusätzlich Töne aus dem komplementären Lager treten.

Im **Quantitätskontrast** wird der Lichtwert jeder Farbe, ihre Eigenhelligkeit, genau auf den Wert einer anderen Farbe abgestimmt. Dazu eine Information: Im physikalischen Versuch haben sich folgende Lichtwertunterschiede zwischen den Komplementärfarben herausgestellt. Rot und Grün sind gleichwertig. Blau hat einen halb so großen Lichtwert wie Orange, und Gelb ist dreimal so hell wie Violett.

Auf die Bildfläche bezogen bedeutet dies, die Farben sind auf unterschiedlich großen Farbflächen aufzutragen, damit ihr Lichtwert sich in harmonischem Verhältnis zu dem ihrer Komplementärfarbe oder den anderen Farben befindet. Das ist sicher nicht exakt vorherbestimmbar, aber eine Faustformel sagt beispielsweise, dass Violett gegenüber Gelb eine dreimal größere Fläche einnehmen darf, um mit ihm in einem harmonisch ausgewogenen Verhältnis zu stehen. Da totale Harmonie aber auch Langeweile auslöst, kann die Beachtung des Quantitätskontrasts in Ihrer Malerei durchaus eine kleinere Rolle spielen.

Komplementärkontrast

Warm-Kalt-Kontrast

Qualitätskontrast

Quantitätskontrast

Ein und dieselbe Farbe kann übrigens auch mit sich selbst im Kontrast stehen, d.h. auf den Betrachter unterschiedlich wirken. Man spricht dann von **Simultankontrast**. Das hängt einmal vom subjektiven Farbempfinden des Betrachters ab, ein andermal von dem jeweiligen Umfeld der Farbe. Das gleiche Rot neben Gelb wirkt eher orange als neben Blau. Hier wirkt es kühler. In Abhängigkeit vom Farbumfeld kann Farbe wärmer, kälter, heller, dunkler, trüber und intensiver wirken. Ein für die Bildarbeit sicherlich nicht zu unterschätzendes Phänomen.

Simultankontrast

Übung: Blumenstück in Primamalweise

Öl auf Leinwand
Format 56 x 36 cm

Benötigt werden als Malmittel Terpentinöl und Malmittel 3, das schnell trocknet. Des Weiteren drei Pinsel Gussow-Form in den Stärken 12 und 14, ein rundgebundener, spitziger Pinsel der Stärke 8 sowie ein Flachpinsel der Stärke 16. Als Farben werden Böhmische Grünerde, Laubgrün, Titanweiß, Magenta, Permanentgrün hell, Ultramarinblau violett, Elfenbeinschwarz, Neapelgelb hell und Neapelgelb rötlich, Königsblau dunkel, Umbra gebrannt und Echtgrün oliv verwendet.

Erster Schritt
Auf die fertig grundierte und durchgetrocknete Leinwand wird ein Gemisch aus Böhmischer Grünerde und anderen Farbresten als Imprimitur aufgetragen. Sie können auch einen beliebigen anderen Malgrund verwenden, der bereits eine Farbschicht aufweist. Die Leinwand sollte nach der Imprimitur durchgetrocknet sein, bevor Sie im **zweiten Schritt** mit einem hellen Farbgemisch, dem Malmittel 3 zugefügt wird, und dem Rundpinsel eine zarte Vorzeichnung auf den dunkel vorgetönten Bildgrund auftragen. Das Blumenstück wird von Dunkel nach Hell erarbeitet – was sicherlich eine ungewohnte Arbeitsweise ist, die aber viele Vorzüge hat, wenn man ein Bild besonders

Bildmotiv

Erster/zweiter Schritt

plastisch erscheinen lassen will. – Hier wurde mit Titanweiß gearbeitet. Eine weiße Hilfslinie halbiert das Format. Die obere Hälfte des Bildes soll den Blüten vorbehalten sein, die untere zeigt Vase und Tischrund.

Im **dritten Schritt** werden helle Flächen für Hintergrund und Zwischenräume mit breitem Gussow-Pinsel aufgetragen. Diese Flächen werden in Umbra natur und Böhmischer Grünerde, mit Titanweiß ausgemischt, gemalt. So wird ein reizvoll strukturierter Raum geschaffen.

Durch Zugabe von Echtgrün oliv und Ultramarinblau violett wird Umbra in seiner Farbwirkung etwas kälter. – Das Bild Ton in Ton weiter erarbeiten. Übergänge zwischen zwei unterschiedlichen Farbflächen werden mit trockenem Pinsel ineinander verrieben und somit im Sinne der Sfumato-Technik (siehe Seite 18) verwoben. Dann legen Sie im oberen Bildteil zarte, helle Schleier über die Vorzeichnung, um eine vorherrschend helle Tönung zu erzielen. Der Bildgrund schimmert weiterhin durch.

Im **vierten Schritt** legen Sie die Positivform der Vase, die bislang malerisch ausgespart wurde, mit einem Farbgemisch aus Neapelgelb hell, Neapelgelb rötlich, Titanweiß und Spuren von Königsblau dunkel an. Die Schatten auf der linken Seite der Vase erzielt man, indem man Umbra stärker Königsblau dunkel entgegensetzt und mit der gleichen Farbe die helle Fläche rechts abgrenzt. Die Übergänge zwischen zwei Farbflächen werden auch hier weich verrieben. Die dunklen Schattenakzente am Fuß der Vase und am Tischrund

Dritter Schritt

Vierter Schritt

entstehen, wenn man der bisherigen Farbpalette etwas Elfenbeinschwarz beimischt. Licht wird immer gegen Schatten gesetzt, so dass sich im Hell-Dunkel-Kontrast die Rundungen der Vase präzisieren.

Nun werden im **fünften Schritt** aus der Vase heraus die Stängel und das Blattwerk der Blumen gemalt. Vorher wird die Vase mit letzten Lichtpunkten vollendet. Diese Lichtpunkte und Reflexe verleihen dem Gefäß eine rä-

umliche Wirkung. – Die einzelnen Blattformen werden zunächst als Grünfläche angelegt; anschließend malen Sie mit einer Mischung aus Laubgrün, Böhmischer Grünerde und Elfenbeinschwarz, in unterschiedlicher Farbschattierung ausgemischt, einzelne Linien des Blattwerks horizontal und abwechslungsreich auf. Mit dem flachen Pinsel, der mal mit seiner Breitseite, mal schräg auf den Bildgrund gesetzt wird, werden dabei abwechselnd breite und schmale Linien gezogen. Und so kann man korrigieren: Führen Sie die Farbe des Hintergrunds an eine falsche Linie heran und reiben Sie Farbe aus dem ursprünglichen Gemisch über fehlerhafte Stellen; die Linie wird dann neu aufgetragen. Abschließend werden dort zarte grüne Farbschleier aufgetragen, wo später die Blüten stehen sollen.

Im **sechsten Schritt** beginnen Sie zunächst mit der Blütendolde in der linken Mitte, für die ein kaltes Rot (Magenta) und Ultramarinblau violett verwendet wurden. Die Blüten als Farbflecken recht frei auftragen und in der typischen Wuchsform übereinander schichten. – Für die weiteren Blüten benötigen Sie eine große Menge Titanweiß, der geringe Spuren Neapelgelb hell beigemischt werden. Weiß und Gelb, manchmal nur sehr grob gemischt, werden locker auf die Leinwand getupft. So stehen gelbe und weiße Flächen nebeneinander und ergeben ein reizvolles Farbspiel. Dann werden nachträglich grüne Linien mit feinem Rundpinsel dort verstärkt, wo Stängel zu sehen sind. Hierfür Permanentgrün hell verwenden. Mit weiterer Detailarbeit wird den konkreten Lichtverhältnissen vor Ort nachgespürt, d.h. es werden die Lokalfarben des Blumenstückes erarbeitet, wobei mit den Mitteln des Hell-Dunkel- und Kalt-Warm-Kontrastes gearbeitet wird.

Fünfter/sechster Schritt

Das fertige Bild mit minimalen Ergänzungen, Signatur und Datum

Räumlichkeit, Bildtiefe und Perspektive

Wer gerne so malen möchte, was er sieht – und das wird für Bilder von Personen, Stillleben, Landschaften, besonders aber für Bilder gelten, auf denen Bauwerke erscheinen sollen – wird sich die Eigentümlichkeit unserer Wahrnehmung bewusst machen müssen.

In unserem Auge spiegelt sich ein ganz spezieller Ausschnitt der Wirklichkeit wider. Dieser Ausschnitt ist abhängig von unserem Standpunkt, dem Blickwinkel und der Blickrichtung, ob wir z.B. von vorne in gerader Richtung auf etwas draufschauen, nach oben oder nach unten blicken. Der Ausschnitt ist ebenso abhängig von der Entfernung zum Betrachteten. Entfernung stellt sich einmal in Größenverhältnissen dar: Nahe Dinge sind in der Regel relativ groß, Entferntes relativ klein. Darüber hinaus sind Überschneidungen ein Kriterium: Vordere Dinge sieht man ganz, Entferntes als Ausschnitt dessen, was vom Vorderen nicht verdeckt wird. Entfernung stellt sich aber auch durch eine Veränderung in der Farbigkeit dar: Nahes wirkt farbintensiver als Entferntes.

Perspektivische Darstellung stellt aber kein Kriterium höheren künstlerischen Werts dar, noch ist sie das Maß aller Dinge. Sie ist lediglich ein wertvolles Instrument, das uns hilft, Räumliches in eine Fläche, ins Bild zu bringen.

Die Gesetzmässigkeiten der Perspektive liegen vielmehr in der Natur der Dinge.

Der Begriff »Perspektive« kommt aus dem Lateinischen und hat mit »Durchschauen« zu tun. (vgl. Abb. oben)

Dürers Holzschnitt »Der Zeichner der Laute«

Zentralperspektive

Perspektivische Darstellung

Das Zeichnen und Malen vor der Natur wirft zunächst einmal zwei Probleme auf. Von der Fülle der Wahrnehmungen wird man schier erdrückt. Zu viele Einzelheiten und Details

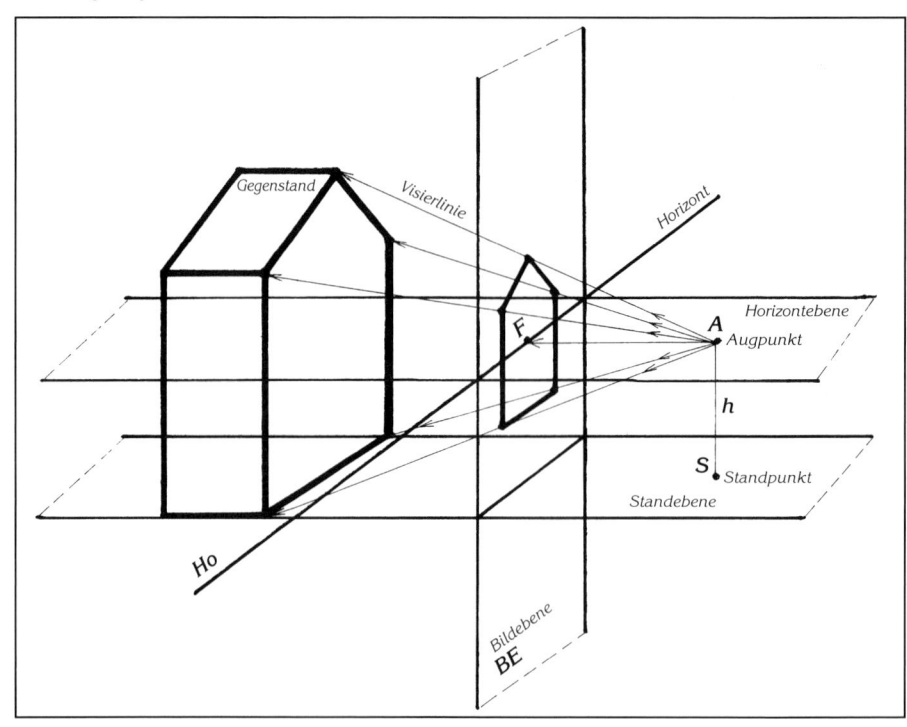

stürmen auf einen ein. Es gilt also eine Auswahl zu treffen. Aber wie? Das zweite Problem ist: Wie banne ich das Geschaute auf die Bildfläche?

Fürs Erste gibt es ein einfaches Hilfsmittel, den so genannten Motivsucher. Ein schwarzer Rahmen, den man vor das Auge halten kann, hilft, einen Ausschnitt der Wirklichkeit auszuwählen. Dieser Ausschnitt kann dann als Bildausschnitt übernommen werden. Motivsucher haben schon

Perspektiven mit einem Fluchtpunkt

Der Bildgegenstand liegt frontal im Gesichtsfeld, der Augpunkt meist zentral, in der Mitte. Alle vom Augpunkt nach hinten verlaufenden Linien haben in der Abbildung einen gemeinsamen »Fluchtpunkt«.

die Maler und Zeichner im Zeitalter der Renaissance gekannt.

Albrecht Dürer (1471–1528) zeigt auf seinem Holzschnitt »Der Zeichner der Laute«, wie man eine Zeichnung perspektivisch richtig auf eine durchsichtige Bildtafel bannt – und der Rahmen dieser Bildtafel ist nichts anderes als ein solcher Motivsucher. Hilfslinien, als Raster über den Bildausschnitt gelegt, machen es leichter, Maßverhältnisse und Proportionen exakt auf die Bildfläche zu übertragen.

Und da wären wir bereits beim zweiten Problem: Die Übersetzung des Gesehenen auf die Bildfläche erfolgt nach den Regeln der Perspektive. Der Begriff »Perspektive« kommt von »perspicere« und heißt zu deutsch »hindurchschauen«, im übertragenen Sinne aber auch durchschauen, verstehen, erklären.

Was der Zeichner auf Dürers Holzschnitt vormacht, kann jeder an einem beliebigen Fenster nachvollziehen. Man zeichnet die Umrisse draußen Punkt für Punkt, Linie für Linie auf der Scheibe nach, und als Resultat entsteht das wirklichkeitsgetreue Abbild. Aufbauend auf diesem Experiment lassen sich die allgemeinen Regeln der Zentralperspektive ableiten:

Unser Auge bezeichnet man als Projektionszentrum, daher das Wort »Zentralperspektive«. Wichtigste Bezugsgröße ist die **Horizontlinie**, die sich in Höhe unserer Augenlinie befindet. Zentraler Punkt des Bildes ist der **Augpunkt**. Alle senkrecht auf die Bildebene zulaufenden Linien sind im Abbild auf diesen Punkt hin gerichtet. Das lässt sich sehr gut in Gängen, Straßenfluchten und Alleen beobachten.

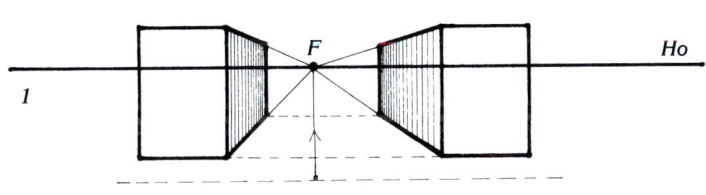

Normalperspektive

Standpunkt hier links von der Mitte für Straßenfluchten, Stadtlandschaften, Räume

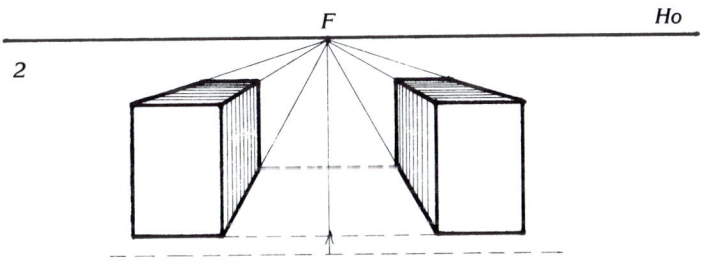

Vogelperspektive

Horizont über dem Bildgegenstand: Blick vom Turm, Stillleben, Gegenstände

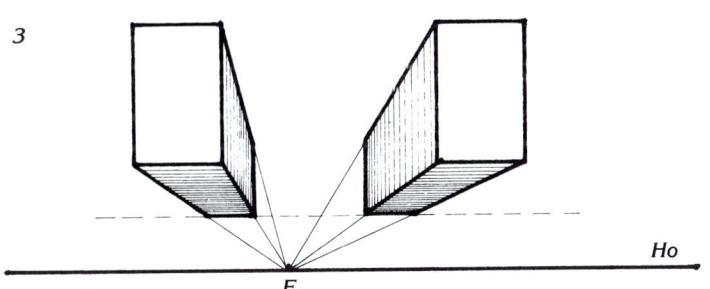

Froschperspektive

Standpunkt/Augpunkt identisch mit Fluchtpunkt, Horizont unterhalb der Bildgegenstände: Tunnelsicht, Untersicht (z. B. Automobil)

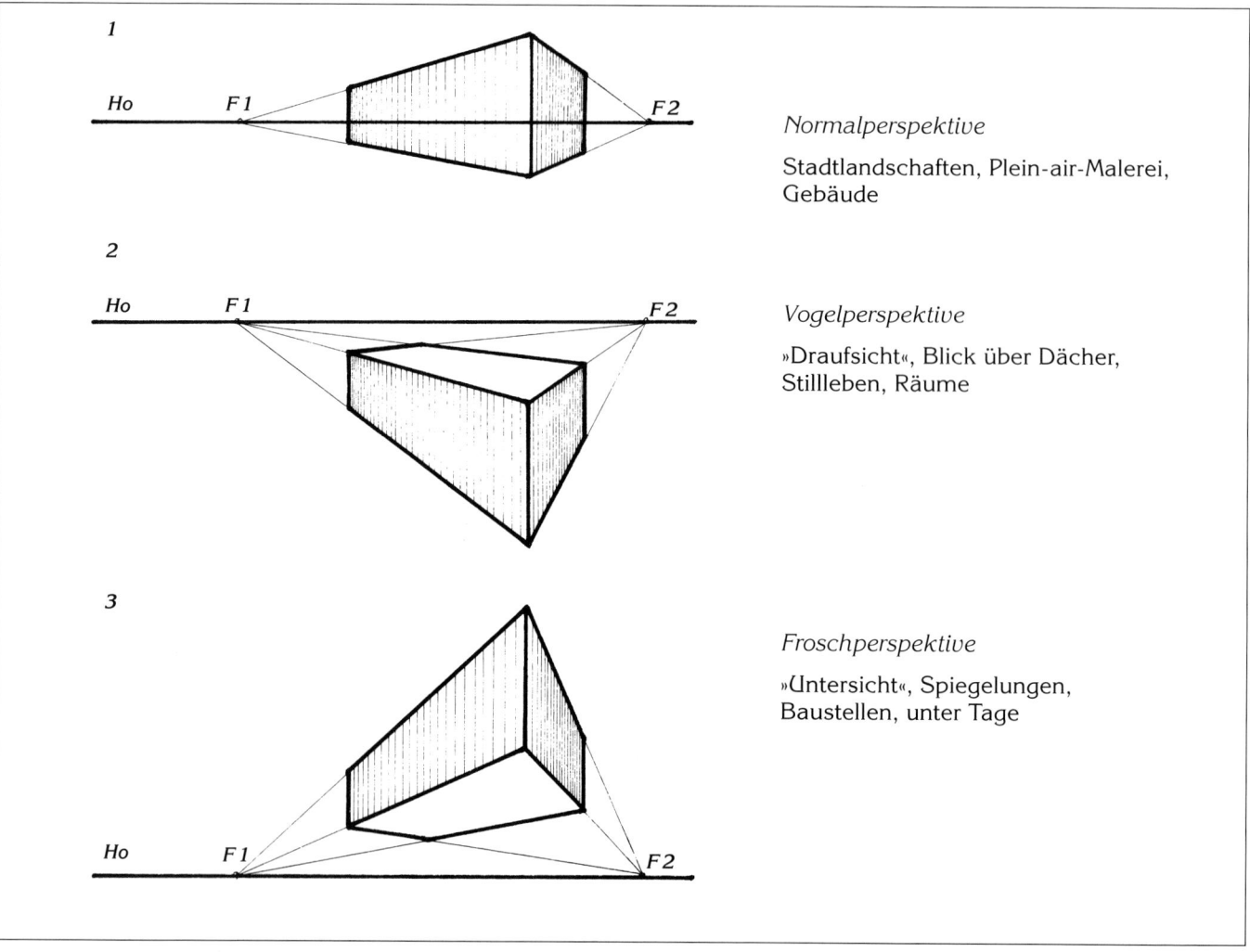

1

Ho — F 1 — F 2

Normalperspektive

Stadtlandschaften, Plein-air-Malerei, Gebäude

2

Ho — F 1 — F 2

Vogelperspektive

»Draufsicht«, Blick über Dächer, Stillleben, Räume

3

Ho — F 1 — F 2

Froschperspektive

»Untersicht«, Spiegelungen, Baustellen, unter Tage

Perspektiven mit zwei Fluchtpunkten

Bildgegenstände liegen meist nicht parallel zur Bildebene, sondern eher versetzt; so ergibt sich je nach unserem Standpunkt S und der Lage der Gegenstände zu unserem Gesichtsfeld (Bildebene) eine Perspektive mit zwei Fluchtpunkten.

Alle vom Standpunkt des Betrachters nach links verlaufenden Linien haben auf der Horizontlinie links, alle nach rechts verlaufenden Linien haben auf der Horizontlinie rechts einen ge-

meinsamen Fluchtpunkt: die so genannte **Perspektive mit zwei Fluchtpunkten**.

Die **Bildebene** steht senkrecht zur Standfläche des Betrachters. Liegt der betrachtete Gegenstand unterhalb der Horizontlinie bzw. ist die Augenhöhe extrem erhöht, spricht man von »**Vogelperspektive**«. Fällt die Augenhöhe mit der Erdoberfläche zusammen, spricht man von »**Froschperspektive**«. Liegt die Augenhöhe noch tiefer oder muß der Betrachter extrem hochblicken, spricht man von »**Fischperspektive**«.

Nach hinten zu, in die Tiefe des Raumes, werden die Dinge immer kleiner. Je weiter also der betrachtete Gegenstand hinter der Bildebene

liegt, desto kleiner wird das Abbild. Man spricht von perspektivischer **Verkürzung**. Gegenstände, die sich von der Bildebene wegstrecken, verjüngen bzw. verkleinern sich in Richtung auf die seitlichen Fluchtpunkte. Daraus ergeben sich für die Malerei folgende Regeln:

> **Merke**
> **Im Bild wird immer Räumliches in Fläche übersetzt. Außer durch Farbe werden Objekte durch Linien und Flächen dargestellt. Linien verkürzen sich, Flächen verjüngen sich in die Tiefe. Formen- und Linienverläufe studiert man deshalb am besten durch vorheriges Skizzieren.**

Dom zu Florenz von unten: Durch die Nähe zum Gebäude kommt bei der Darstellung die Froschperspektive zustande. Die Linien verjüngen sich nach oben.

Vogelperspektive: Blick von der Kuppel des Doms zu Florenz auf den Glockenturm und die Stadt. Die Linien des Turmes verjüngen sich nach unten.

Übung: Stillleben

Öl auf Leinwand
Format 40 x 30 cm

Ein Stillleben kann auch eine ideale Übung zur räumlichen, d. h. perspektivischen Gestaltung sein. Da die Komposition völlig unserer Kontrolle unterliegt – das vorherige Arrangieren bestimmt den Bildaufbau –, kann man sich eine relativ einfache Linienführung vorgeben (siehe Seite 42) und sich zunächst auf Farbkontraste, Überschneidung der Formen und auf die Lichtverhältnisse konzentrieren.

Für dieses Stillleben wurde auf unregelmäßig geformte, handgetöpferte Gefäße zurückgegriffen, die auf ein Leinentuch und vor eine Bretterwand gestellt wurden. Der Bildausschnitt wird knapp gewählt, so dass die Körper die Bildfläche nahezu völlig aus-

füllen können. Somit ist auch kompositorisch ein Hochformat nahe gelegt. Der Schwerpunkt des Bildes – die drei Gefäße – wurde aus dem Zentrum der Bildfläche nach oben gerückt, um so eine größere kompositorische Spannung zu erzielen.

Erster Schritt

Auf einer grundierten und zart ockerfarben getönten bzw. imprimierten Leinwand wird mit spitzigem Rundpinsel die Vorzeichnung aufgetragen. Die verwendeten Farben – mit magerem Malmittel (Terpentinöl) vermischt – sind Böhmische Grünerde, Umbra, lichter Ocker und Weiß.

Im **zweiten Schritt** kommt es entscheidend darauf an, die einzelnen

Bildmotiv: Gefäße und Tuch

Erster Schritt

Formen in ihrer gesamtkompositorischen Ordnung zu erfassen und damit den Bildraum zu gliedern. Es geht nicht darum, die exakte Stofflichkeit von Gefäßen und Tuch zu imitieren.

So wird der Raum erarbeitet: Von »außen« wird an die Dinge herangemalt. Man beginnt mit der Umgebung der Gefäße. Die Schattenpartien werden festgelegt und vertieft. Das Tuch wird zunächst nur leicht angedeutet. Zu den bereits verwendeten Farben kommt jetzt Ultramarinblau hinzu. Das Bild wird nahezu Ton in Ton angelegt.

Jetzt wird das Tuch gemalt und damit der Bildraum geschlossen. Die Gruppe der Gefäße bildet dadurch eine Einheit. Das Tuch wird in Mischfarben kalter (nach Blau) und warmer Grautöne (nach Braun) gemalt. Auch die Konturen und die Binnenzeichnung der Gefäße werden weiter verfolgt. Die weichen Konturen (Sfumato) der Gefäße erzielt man durch Verschleifen mit einem trockenen Pinsel in die Umgebung hinein. Damit wird verhindert, daß sich die Einzelheiten des Bildes wie Scherenschnitte vom Hintergrund lösen, und es entsteht eine räumliche Wirkung.

Im dritten Schritt arbeiten Sie das Tuch weiter in Zinkweiß aus; der Faltenwurf bzw. die Licht-Schatten-Verhältnisse werden im Hell-Dunkel-Kontrast erarbeitet, wobei Grautöne gegen weiße Partien gestellt werden. – Im Folgenden geht es darum, die Gefäße deutlich voneinander zu unterscheiden bzw. die Oberflächenfarben anzulegen. Zunächst ist hierbei die Rundung der Gefäße anzulegen und die Außenseite von der Innenseite zu unterscheiden. Es wird mit den Mitteln des Hell-Dunkel-Kontrastes gearbeitet, wobei als neue Farbe ein Chromgrün eingesetzt wird. Stattdessen können Sie aber auch aus Indigo und Permanentgrün hell einen satten Grünton ermischen. Mit dieser Farbe legen Sie das rechte Gefäß an. Mit Weiß die Gefäßkante modulieren, um damit den realen Lichteinfall wi-

Zweiter Schritt

Dritter Schritt

derzuspiegeln. Sämtliche Schatten-akzente werden mit Farbmischungen aus Ultramarinblau, Chromgrün, Böhmischer Grünerde und Umbra gesetzt.

Im **vierten Schritt** (siehe Abbildung Seite 42) wird die Detailarbeit fortge-setzt. Das Tuch ist nahezu vollendet, und man wendet sich den Gefäßen zu. Ausmischungen von Ultramarin-blau und Weiß bestimmen die Farb-gebung des linken unteren Gefäßes, Mischungen aus Chromgrün und Weiß die Farbgebung des oberen rechten Gefäßes. Mit Titanweiß wer-den die Lichtreflexe wiedergegeben. Schattenflächen am Tuchrand und in der Umgebung der Gefäße werden verstärkt. Ein dunkler Farbakzent, im Bildhintergrund als Querstreifen ge-setzt und auch als eine Art Rahmung um das Tuch herum, gibt dem Bild Halt und verstärkt die Tiefenwirkung.

Damit ist das Bild fertiggestellt.

Der Malprozeß läßt sich auf zwei wesentliche Kernsätze zurückführen, die man für die weitere malerische Arbeit beachten sollte.

> **Merke**
> Formenauswahl, Zusammenstel-lung, Licht und Schatten geben die Komposition vor.
> **Zur Gestaltung des Bildraumes malen Sie am besten von hinten nach vorne und von der Negativ-form an die Positivform heran, sprich: von außen nach innen.**

Das fertige Bild ▶

Dominanz des Vordergrundes:
Steinbruch im Zentrum

Motivsucher
und Bildausschnitt

In der Landschaft zu stehen und vor
der Natur – also »plein-air« – zu malen, heißt, sich zunächst in eine vor-
gegebene Situation hineinfinden,
Eindrücke ordnen, einen interessanten Bildausschnitt auswählen und die
vielen Farben, Hell-Dunkel-Werte,
Strukturen und Muster vereinfachen.
Man darf sich zugunsten des großen
Ganzen nicht ins Detail verlieren. Wie
kann man dabei vorgehen?

Verwenden Sie einen Bilderrahmen
oder einen Papprahmen als Motivsucher, der Ihnen bei der Suche eines
geeigneten Bildausschnitts hilft.
Zunächst einmal dreht sich alles um
das Bildformat: Wie wirkt ein Hochformat, wie ein Querformat? Die
Horizontlinie, die sich in Ihrer Augenhöhe befindet, sollte nicht unbedingt
durch die Bildmitte laufen. Außerdem: Wie gliedern die wichtigsten
hellen und dunklen Zonen den
Bildraum? Dunkle Baumgruppen
stehen gegen den hellen Himmel.

Bei Gebäuden beobachten Sie, wohin
Dachflächen und Dachkanten fluch-
ten. Finden Sie nach den Gesichts-
punkten der Zentralperspektive und
der Perspektive mit zwei Fluchtpunkten die wichtigsten Linien und
Flächen.

Räumlichkeit erleben und perspek-
tivisch darstellen
Das Motiv links unten steht in einer
ausgewogenen Komposition inner-
halb des Rahmens. Sowohl Himmel

Ausgewogene Komposition im
Querformat

Dominanz des Feldes: dezentrale Lage des Steinbruchs

als auch Landschaft nehmen jeweils etwa die Hälfte der Bildfläche ein. Die räumliche Bildwirkung wird in horizontal gegliederter, gleichmäßiger Tiefenstaffelung erzielt. Es ergibt sich eine erste Linie, die das Feld und die Vegetation von der Häusergruppe abgrenzt, eine zweite Linie, die den Dachflächen der Gebäude folgt, eine dritte Linie, die die Abrisskante eines Steinbruchs gegen die umgebende Landschaft abgrenzt, und eine vierte Linie, die von den Baumsilhouetten gegen den Himmel gezeichnet wird.

Beim oberen Bildausschnitt links dominiert das Feld im Vordergrund. Ein Bild nach dieser Komposition gemalt, wird sicherlich eine andere Farbwirkung ergeben als das Motiv darunter.

Der Blick schwenkt nach rechts und fasst das Motiv gänzlich anders auf: Weiterhin ist das Feld im Vordergrund dominant, das jetzt gut drei Viertel der Gesamtbildfläche einnimmt. Der Himmel ist fast ganz verschwunden, die ruhige Gruppe der Häuser ist aufgebrochen und die zentrale Position des Steinbruchs aus dem Bild geschoben.

Dreht man beim gleichen Bildmotiv die ursprüngliche, querformatig gehaltene Komposition in ein Hochformat, so konzentriert sich die Bildaussage auf den zentralen Blickpunkt Steinbruch. Die Komposition bleibt dem Motiv links oben ähnlich, wobei sich die räumliche Tiefenstaffelung durch die geänderten Proportionen der einzelnen Flächen noch verstärkt.

Hochformat: Betonung der horizontalen Staffelung

Bildmotiv

Übung: Landschaft

Öl auf Leinwand
Format 40 x 50 cm

Zur Ausarbeitung derselben Landschaft mit Steinbruch als Übung wird ein Querformat gewählt, wobei das Rapsfeld im Vordergrund sich bis zum Bildmittelgrund erstreckt. Eine bereits fertig grundierte Leinwand wird auf eine Feldstaffelei gestellt. Auf der Palette werden die Farben Böhmische Grünerde, dunkler Ocker, Zinkweiß, Ultramarinblau, Umbra gebrannt und Chromgrün dunkel aufgetragen. Bedingt durch den gewählten Ausschnitt ist für dieses Bild eine große Menge an erdfarbenen und grünen Farben erforderlich.

Erster Schritt

Der **erste Schritt** sind Vorzeichnung und Imprimitur, d. h. dunkler Ocker mit Ausmischungen in Weiß und Böhmischer Grünerde werden auf die weißliche Leinwand aufgetragen und damit die wichtigsten Bildräume festgelegt. Dabei zeichnen sich die vier Hauptlinien der horizontalen Tiefenstaffelung ab – Feldrand, Dachlandschaft, Steinbruch und Baumsilhouette vor dem Himmel.

Im **zweiten Schritt** werden anschließend die Hauptbildflächen getönt: In den Vordergrund setzen Sie mit fleckenhaften Pinselstrichen Punkt für Punkt in steiler rhythmischer Bewegung Grüntöne aus Olivgrün, Böhmischer Grünerde und Ocker. Gleich darauf beginnt man, im flächigen Farbauftrag Blau-Weiß-Mischungen für den Himmel – aus Zinkweiß und Ultramarinblau – mit breitem flachen Pinsel aufzutragen. Blaue und grüne Bildflächen bestimmen jetzt den Eindruck, wobei im Zentrum des Bildes der eigentliche Schwerpunkt – Dachlandschaft und Steinbruch – ausgespart bleiben.

Zweiter Schritt

Im **dritten Schritt** konzentriert sich die Bildarbeit ganz auf die Details der Dachlandschaft und der Struktur des Steinbruchs. Zunächst werden die Hell-Dunkel-Kontraste aufgespürt und mit flächigem Farbauftrag die eher dunklen Dachflächen und dann dagegen die hell gehaltenen Dachflächen angelegt. Dazu muss die bisherige Farbpalette um gebrannte Siena, Englischrot hell, Gelb, lichter Ocker und Indigo ergänzt werden.

Dritter Schritt

Vierter Schritt und fertiges Bild

Im **vierten Schritt** wird das Bild vollendet. Insbesondere Himmel und Bildvordergrund – das Rapsfeld – werden noch einmal rhythmisch überarbeitet. Die Silhouette der gegen den Himmel ragenden Baumgruppe wird im Sinne der Sfumato-Technik mit dem flächigen Himmel verwoben. Dabei ist darauf zu achten, um Verschmutzungen vorzubeugen, dass man von der noch nassen Himmelsfarbe an die Grün-Oliv-Töne der Bäume heranarbeitet und nicht umgekehrt.

Was Vegetation und insbesondere das Rapsfeld im Vordergrund anbe-

langt, so ist es nicht notwendig, Blatt für Blatt zu malen; stattdessen werden mit rhythmischen Armbewegungen und ungleichmäßiger Pinselschrift Strukturen und Farbflecke gesetzt, die organisch und natürlich wirken.

Ein solches Bild geht anfangs nicht leicht von der Hand. Sind Sie unzufrieden und will etwas nicht gelingen, so unterbrechen Sie Ihre Arbeit. Man sollte sich dafür einfach Zeit lassen und auch die Landschaft schauend genießen. Auch unvollendet kann ein Landschaftsbild als Skizze sehr reizvoll sein.

> **Merke**
> Landschaftsmalerei darf sich nicht ins Detail verlieren, sondern legt zunächst die Hauptbildgruppen des Vordergrunds, des Mittelgrunds und des Hintergrunds an. Detailreiche Partien werden dabei ausgespart.
> Von hinten nach vorne malen und von außen nach innen, Häuser in Perspektive, Bäume, Wiesen und Sträucher als Pinselstrukturen.

Klassische Bildthemen:
Landschaft, Stillleben, Bildnis

Als Vorübung für eigene Bilder empfehle ich, sich immer über den Um-
weg der Zeichnung an ein Motiv he-
ranzutasten. Linienführung,
Proportionen und Bildraum werden
einem so vertraut. Ein interessantes
Bildmotiv finden Sie am Anfang viel-
leicht am besten mit dem bereits
genannten Motivsucher (siehe Seite
44/45).

Um diesen Annäherungsprozess ab-
zukürzen und damit Sie sich gleich
anhand eines interessanten Motivs
auf das Gestalten mit Ölfarben – d.h.
Farben mischen, Kontraste setzen
und Bildwirkungen ausprobieren –
konzentrieren können, werden im
folgenden Kapitel »klassische« Auf-
gabenstellungen vorgegeben.

Bilder sollen die Lust am Malen
wecken. Zu diesem Zweck finden
Sie in der folgenden »Galerie« einige
Arbeiten zu den genannten klassischen Bildthemen. Die Bildlegende
informiert Sie jeweils über den
Entstehungsprozess oder weist auf
Besonderes hin. Durch Nachstellen
oder Nacharbeiten des Motivs lassen
sich zusätzliche Inspirationen gewin-
nen.

Deshalb sind, ähnlich wie beim Stillleben Seite 43, die Bilder der Seiten
54 und 56 jeweils mit einer Vorzeichnung ergänzt.

»Mädchen im weißen Kleid«,
Primamalerei, Öl auf Karton,
Format 42 x 30 cm

Zunächst wurde das Bild nach ocker-farbiger Vorzeichnung und Untermalung pastos erarbeitet. Nachdem die erste Malschicht durchgetrocknet war, wurde über die gesamte Häuser- und Baumpartie eine Lasur in Braun-Oxidrot gelegt und diese stellenweise wieder mit einem Lappen entfernt. Diese Partien bilden die im Sonnenlicht aufleuchtenden Häuser. Es ergibt sich ein warmer Gesamtton, wie er für eine Abendstimmung typisch ist.

»Blick über die Dächer in Hohenaltheim«, Lasurtechnik, Öl auf Leinwand, Format 19 x 23 cm

»Haus in Hohenaltheim«,
Primamalerei, Öl auf Leinwand,
Format 60 x 60 cm

Architektur und Natur sind hier als Bildmotiv gestaltet und durch die Wiedergabe des Sonnenlichts als farbige Flächen zusammengebunden. Trotz des fast fehlenden Himmels wirkt das Bild, im Freien entstanden, lichtdurchflutet. Der feine Drahtzaun rechts im Bild wurde mit dem Pinselstiel in die feuchte Farbe eingekratzt (Sgraffito-Technik).

»Klostergarten St. Stephan in Augsburg«, Primamalerei, Öl auf Papier, Format 29,5 x 16 cm

Das Bild entstand rasch und in einem Arbeitsgang. Es wirkt wie hingeschrieben und verzichtet zugunsten eines Gesamteindrucks der vorherrschenden Farbkontraste im Komplementärbereich von Rot, Gelbgrau und Grün und den eingefangenen Lichtwirkungen auf größere Details.

Eine perspektivische Tiefenwirkung des Weges wird durch hell-dunkle Streifen des einfallenden Lichts und der Schattenflächen von Buschwerk und Baumgruppen erzeugt. So wird eine sommerliche Atmosphäre eingefangen, obwohl kein Himmel auf dem Bild sichtbar ist.

Diese Naturstudie entstand im Freien, vor dem Motiv, und ist mit entschlossenen und raschen Farbzügen gemalt. Die Schwünge der Äste kontrastieren mit der Statik der Brücke. Seine farbige Dynamik gewinnt das Bild durch die Bewegtheit von Laub und Gras.

»Baumlandschaft mit Brücke«, Primamalerei, Öl auf Malplatte, Format 60 x 50 cm ▶

*»Stillleben« mit Früchten«,
Lasurtechnik, Öl auf Leinwand,
Format 24 x 24 cm*

Dieses Bild zeichnet sich durch die besondere Komposition mit der diagonalen Anordnung der Bananen aus. Die Früchte wurden in satten Hell-Dunkel- und Komplementärkontrasten pastos gemalt. Später wurde der Bildgrund durch Darüberlegen bräunlicher Lasuren immer dunkler gefasst. Zum Schluss wurden auch die Früchte mit einem zart bräunlichen Ton überlasiert und teilweise wieder freigelegt.

»Stillleben auf blauem Grund«,
Primamalerei,
Format 40 x 40 cm

Der starke Kontrast warmer und kalter Farben sowie die beiden unterschiedlichen Blautöne von Tisch und Innenglasur des Kruges rufen im Bild eine fast dramatische Spannung hervor, die durch den Blick von oben und die stark mit Indigo akzentuierten Schatten noch gesteigert wird.

Übung: Porträtstudie

Öl auf Leinwand
Primamalerei
Format 50 x 40 cm

Ein Porträt soll in leicht schräger Pose – man spricht von einem Brustbild »en face« – gemalt werden. Das Modell sitzt in Halbdistanz, also nicht ganz nahe und auch nicht sehr weit entfernt. Die Situation in diesem Beispiel ergab sich am Kaffeetisch im Freien. Der Hintergrund, die Natur, umgibt den Porträtierten, bettet das Gesicht in einen sich auflösenden Farbgrund. Das erlaubt es, den Hintergrund in fast abstrakten Pinselstrichen in verschiedenen Grüntönen rasch und undetailliert auf den Malgrund zu schreiben.

Erster Schritt

Hier wird auf einer fertig gr⬚⬚⬚⬚ und imprimierten Leinwa⬚⬚ ⬚⬚ gen Rosttönen, dunklem⬚⬚ diversen Braunfarben u⬚ beitet. Die Farben sind m⬚⬚ Terpentinöl anzumische⬚ tem Pinsel werden zunä⬚ risse des Porträtierten a⬚ Der Brustbereich bleibt⬚ ausgespart (Positivform) resse gilt dem Gesicht: Sti⬚ linke Gesichtshälfte, Lage v⬚ Augen und Nase werden festg⬚ gleich darauf die Kontur der re⬚ Gesichtshälfte angerissen.

Zweiter Schritt

Mit verschiedenen Grüntönen im Hintergrund grenzen Sie die Körperform weiter ab und überarbeiten das Gesicht weiter. Es wird pastos gearbeitet, die harten Konturen verreibt man im Sinne des »Sfumato« in die Umgebung.

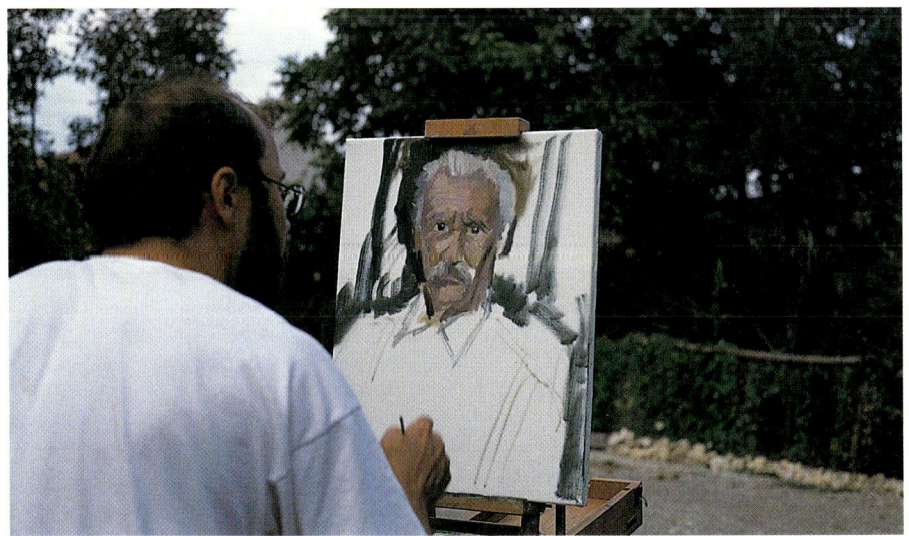

Dritter/vierter Schritt
Langsam wechselt das Interesse vom Gesicht zu den ausgesparten Bildflächen über. Von außen wird weiter an Gesicht und Umrisskontur herangemalt (Negativform). Diese Umgebung wird das Porträt farblich halten. Parallel dazu werden Krawatte, Hemdenmuster und andere Details locker in die Positivform gesetzt.

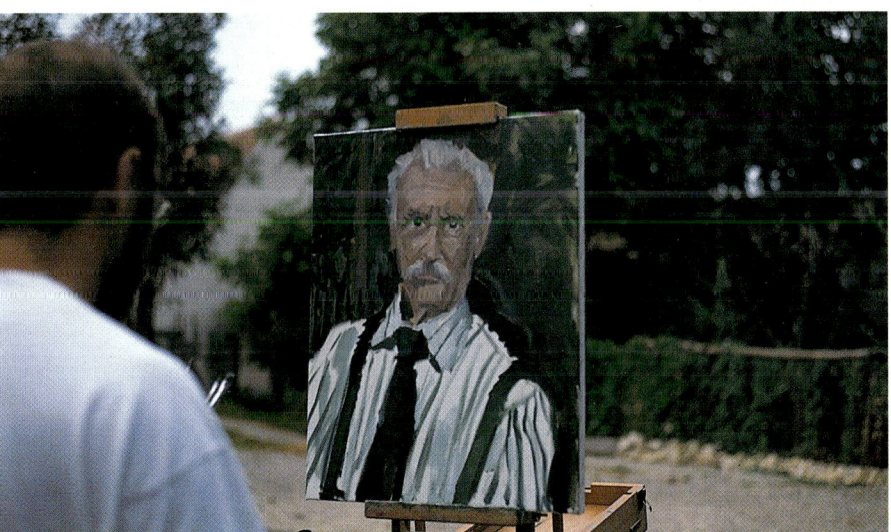

Das fertige Bild
Im Endzustand präsentiert sich ein durchaus noch unvollendetes, an manchen Stellen kaum durchgearbeitetes Werk. Es wurde ohne Pause gemalt, und mit dem Ende der Sitzung ist das Ergebnis der Malerei auch so wie es ist hinzunehmen. Der Gesamteindruck wirkt dennoch kompakt und bildhaft.

Übung:
Porträt

Öl auf Hartfaserplatte
Primamalerei
Format 80 x 60 cm

Die Farben, die hier zur Anwendung kommen, sind Englischrot hell, Neapelgelb dunkel, Casseler Braun, Indigo, Titanweiß.

Erster Schritt
Gearbeitet wird auf einer bereits dunkelgrün imprimierten und durchgetrockneten Hartfaserplatte, auf die mit stark durch Terpentin verdünnter weißlich gelber Farbe die Vorzeichnung aufgetragen wird. Es genügen für den Anfang grobe Umrisse, um Maße und Proportionen zu klären. Die Linien müssen nicht sofort stimmen, überzählige und falsch gesetzte bleiben stehen. Das Auge findet die richtigen Linien, die in der weiteren Bearbeitung des Bildes präzisiert werden.

Zweiter Schritt
Große Mengen blauer Farbe werden mit Spuren von Titanweiß gemischt und dann mit breitem Gussow-Pinsel flächig aufgetragen. Unvermischtes Indigo steht für dunklere Partien, wie sie durch die Falten geworfen werden. Mit Weiß ausgemischtes Blau wird für lichtbeschienene Falten eingesetzt. Großflächig und rasch stellen Sie so unter Vernachlässigung der Details die Gesamterscheinung des Pullovers dar.

Gleich darauf beginnt man mit dem Hintergrund, um die Stellung des Porträts im Raum zu festigen. Das Gesicht bleibt zunächst ausgespart, die Silhouette wird durch den Hintergrund festgelegt. Umbrafarbene Töne, gemischt mit Titanweiß, fassen die Kopfform und den Pullover rechts. Die Farbe rasch und ohne genaue Zeichnung flächig auftragen. Pinselstrukturen dürfen stehen bleiben.

Erster Schritt

Zweiter Schritt

Dritter Schritt

Die Kopfform wird als Gesamtfläche von Haaren und Gesicht in einem hautfarbenen Ton flächig aufgemalt. Eine grobe Hell-Dunkel-Gliederung teilt die linke von der rechten Gesichtshälfte. Mit zusätzlichem Weiß zum Hautton werden hellere Flächen für die Haare von dunklen Gesichtspartien getrennt.

Als weitere Hautfarbe wird eine Mischung aus Neapelgelb dunkel und geringen Spuren Englischrot hell angesetzt, der je nach gewünschter Helligkeit Weiß zugemischt wird.

Mit der gleichen Farbe werden dann auch Hände und Unterarme gemalt.

Parallel dazu wird am Hintergrund links und um den Kopf herum gearbeitet. Es handelt sich auch hier wieder um gleiche Grundfarben, denen unterschiedliche Mengen Weiß zugesetzt werden. Mit einem weichen, trockenen Haarpinsel werden später allzu harte Konturen verwischt und im Sinne der »Sfumato-Technik« abgeschwächt.

Vierter Schritt

Die weitere Arbeit gilt dem Gesicht: Lichter und Schattenflächen werden verstärkt, z. B. in den Augenhöhlen, um mehr Ähnlichkeit mit der Porträtierten zu erreichen. Es muß immer wieder auch genau Maß genommen werden, wo Augen, Mund und

Nase liegen. Anfangs empfiehlt es sich, das Gesicht zunächst kontrastarm aufzubauen und die Kontraste dann Zug um Zug zu verstärken.

Fertiges Bild mit letzten Details (siehe Abbildung Seite 66)
Schmuck und andere Accessoires können die Wiedererkennbarkeit verbessern und den Reiz des Porträts steigern. Hier wurde der Halsschmuck des Modells mit möglichst vielen Details dargestellt.

Dritter Schritt

Vierter Schritt

Porträtstudie, Öl auf Karton Ausschnitt von ca. 40 x 30 cm aus einem Bild von 80 x 60 cm

Das im Bild fast lebensgroß wirkende Gesicht zeigt vor allem die Bewegtheit der Malerei. Man kann die einzelnen Pinselzüge und Farbbahnen regelrecht ablesen. Die Studie wurde ala Prima gemalt und wirkt auch aus diesem Grund spontan und frisch.

Schlussbetrachtung: Zur Komposition des Titelbilds

Kompositionen ergeben sich meist zufällig oder durch Alltagsgewohnheiten; so manche absichtslose Anordnung wirkt bei näherer Betrachtung geradezu geschaffen für eine malerische Umsetzung. Es gilt also, den Blick dafür zu öffnen und zu schärfen. Letztlich beginnt die Malerei immer mit dem Sehen.

Das Malen selbst ist dann wie eine kleine »Weltreise«, das Auge wandert von einem Gegenstand zum anderen, erforscht Detail für Detail. Ganz wichtig dabei ist es, das Ganze, die Gesamtheit des Bildes, nicht aus dem Blick zu verlieren: Das Bild darf nicht in Einzelteile zerfallen.

Fensterbild, Öl auf Leinwand, Format 60 x 60 cm

Durch Aufgliedern einer komplexe-
ren Bildkomposition lassen sich auch
das Malkonzept und die Vorgehensweise beim Malen erläutern. Letztlich
zeigt ein Bild immer die Sehweise
des Malers.

① *Der Gladiolenstrauß beherrscht
die gesamte obere Bildhälfte und
»spannt« die Fläche auf – wobei die
Senkrechte durch den Fensterrah-
men noch verstärkt wird. Diese Bild-
elemente sind pastos und »alla prima« gemalt, das »Draußen« ist nur
mit dünner Farbe angedeutet.*

② *Der weit ausladende lilafarbene
Gladiolenarm »hält« die rechte obere
Bildpartie, die frei und locker gemalt
fast nur noch aus verschiedenen hellen und dunklen Grüntönen besteht.
Die Sicht ist gar nicht so »gegen-
ständlich«, sie ist mehr auf die Farben an sich gerichtet.*

③ *Ähnlich wie rechts oben ist auch
die linke obere Bildpartie bearbeitet.
Die Pflanze in dem Wasserglas »ver-
bindet« die mittlere Bildfläche mit der
linken, das bewusst angeschittene
Gefäß ganz links sorgt für den
Abschluss des Bildes und zugleich
für Öffnung in den realen Raum.*

④ *Im Gegensatz zu den beiden oberen Seitenflächen stellt die waagerechte untere Partie eine eigene Komposition aus
verschiedenen Fruchtschalen dar. Deren kontrastreiche Farbigkeit gibt auch die lineare Lichtführung konkret wieder.
Diese Partie wurde zum Schluss mit pastoser Farbe in einem Zug gemalt.*

Das fertige Bild firnissen, rahmen und hängen

Wann ein Bild fertig gemalt ist, liegt im Ihrem persönlichen Ermessen. Manchmal ist es sinnvoll, sich darüber mit Freunden zu beraten. Oft liegt der Reiz eines Bildes aber gerade darin, dass es nicht ganz vollendet ist.

Ein Ölbild darf frühestens ein halbes Jahr nach seiner Fertigstellung gefirnisst werden. Firnis hat die Aufgabe, das Bild zu schützen und unterschiedlich matte bzw. eingeschlagene Stellen mit dem Umfeld zu homogenisieren.

Dem Anfänger rate ich dazu, sich einen fertigen Schlussfirnis aus dem Fachhandel zu beschaffen. Er sollte mit Terpentinöl verdünnbar und wieder ablösbar sein. Denn alte Firnis-Schichten müssen, wenn sie vergilben, wieder entfernt werden können.

Der Firnis wird leicht verdünnt mit sauberem weichen Haarpinsel – am besten einem Flachpinsel mit breiter, kurzer Form – aufgetragen. Dieser Pinsel sollte nur zum Firnissen verwendet werden.

Wie Sie Ihr Bild rahmen, hängt von Ihren eigenen Vorstellungen ab. Am einfachsten, neutralsten und damit häufig am besten ist eine schmale Holzleiste, die eventuell im Grundton des Bildes farbig gebeizt oder gefasst ist. Leinwandbilder, die auf Keilrahmen gespannt sind, werden mit einer dünnen Holzleiste auf Gehrung geschnitten und bündig angesetzt, aufs Einfachste und Praktischste, aber auch Schönste gerahmt.

Bilder sollen nicht zu hoch hängen. Ideal ist es, wenn man in ein Bild hineinschauen kann und nicht hochschauen muss. Das bedeutet, bei einer Sitzgruppe kann das Bild durchaus in Sitzhöhe gehängt werden; dort, wo man steht, sollte es in angemessener, d. h. Augenhöhe befestigt werden.

Rahmen von Bildern
Vorteilhaft sind auf Gehrung (45°-Winkel) geschnittene und verleimte Holzleisten in so genannter L-Form. Wird die lichte Weite etwas größer als das Bildformat zugeschnitten, lässt sich das Bild problemlos einlegen; das ganze Bildformat ist sichtbar und zudem ergibt sich eine reizvolle Schattenfuge. Bei Keilrahmen-Bildern werden vorher die Seitenkanten mit Paket-, Textilband o. Ä. abgeklebt und von hinten zusätzlich mit Schrauben befestigt.

Register

Stillleben, Öl auf Leinwand, Format 70 x 50 cm

DR. OETKER
STUDENTENFUTTER VON A–Z

Dr. Oetker Verlag

Abkürzungen

EL	=	Esslöffel
TL	=	Teelöffel
Msp.	=	Messerspitze
Pck.	=	Packung/Päckchen
g	=	Gramm
kg	=	Kilogramm
ml	=	Milliliter
l	=	Liter
evtl.	=	eventuell
geh.	=	gehäuft
gem.	=	gemahlen
ger.	=	gerieben
gestr.	=	gestrichen
TK	=	Tiefkühlprodukt
°C	=	Grad Celsius
Ø	=	Durchmesser

Kalorien-/Nährwertangaben

E	=	Eiweiß
F	=	Fett
Kh	=	Kohlenhydrate
kJ	=	Kilojoule
kcal	=	Kilokalorien
BE	=	Broteinheiten

Bei den Nährwertangaben in den Rezepten handelt es sich um auf- bzw. abgerundete ganze Werte. Lediglich die Broteinheiten werden in 0,5er-Schritten mit einer Stelle nach dem Komma angegeben.

Aufgrund von ständigen Rohstoffschwankungen und/oder Rezepturveränderungen bei Lebensmitteln kann es zu Abweichungen kommen. Die Nährwertangaben dienen daher lediglich Ihrer Orientierung und eignen sich nur bedingt für die Berechnung eines Diätplans, zum Beispiel bei Krankheiten wie Diabetes.

Bei krankheitsbedingten Diäten richten Sie sich daher bitte nach den Anweisungen Ihres Diätassistenten bzw. Ihres Arztes.

Allgemeine Hinweise zu den Rezepten

Lesen Sie bitte vor der Zubereitung – besser noch vor dem Einkauf – das Rezept einmal vollständig durch. Oft werden Arbeitsabläufe oder -zusammenhänge dann klarer.

Zutatenliste und Arbeitsschritte

Die Zutaten sind in der Reihenfolge ihrer Verarbeitung aufgeführt. Die Arbeitsschritte sind einzeln hervorgehoben, in der Reihenfolge, in der sie von uns ausprobiert wurden.

Zubereitungszeiten

Die Zubereitungszeit ist ein Anhaltswert für die Dauer der Vorbereitung und die eigentliche Zubereitung. Längere Wartezeiten wie Kühl- oder Abkühlzeiten, Auftau- und Durchziehzeiten sind, sofern parallel keine weitere Tätigkeit erfolgt, nicht in der Zubereitungszeit enthalten. Die Gar- und Backzeiten werden in der Regel gesondert ausgewiesen.

Backofeneinstellung und Back- und Garzeiten

Die in den Rezepten angegebenen Backofentemperaturen, Back- und Garzeiten sind Richtwerte, die je nach individueller Hitzeleistung Ihres Backofens über- oder unterschritten werden können. Machen Sie nach Beendigung der angegebenen Backzeit eine Garprobe. Die Temperaturangaben in diesem Buch beziehen sich auf Elektrobacköfen. Die Temperatureinstellungsmöglichkeiten für Gasbacköfen variieren je nach Hersteller, sodass wir keine allgemeingültigen Angaben machen können. Bitte beachten Sie deshalb bei der Einstellung des Backofens die Gebrauchsanleitung des Herstellers. Ein Backofenthermometer eignet sich dabei gut, um die Backofentemperatur im Blick zu haben.

Einschubhöhe

Hohe und halbhohe Formen werden im Allgemeinen auf dem Rost auf die untere Einschubleiste geschoben, flache Formen auf die mittlere Einschubleiste. Abweichungen sind möglich und von der Ausführung Ihres Backofens abhängig. Beachten Sie daher auch die Angaben Ihres Herstellers.